教育观

以科学的方式
提升孩子的学习能力

(Salman Khan)
[美] 萨尔曼·可汗 著
万海鹏 王琦 译 余胜泉 审校

图书在版编目（CIP）数据

教育观：以科学的方式提升孩子的学习能力/（美）萨尔曼·可汗著；万海鹏，王琦译. -- 北京：中信出版社, 2024.7

书名原文：The One World Schoolhouse: Education Reimagined

ISBN 978-7-5217-6635-6

Ⅰ.①教… Ⅱ.①萨… ②万… ③王… Ⅲ.①学习心理学 Ⅳ.① G442

中国国家版本馆 CIP 数据核字 (2024) 第 106117 号

The One World Schoolhouse: Education Reimagined
Copyright © 2012 by Salman Khan
This edition arranged with InkWell Management LLC through Andrew Nurnberg Associates International Limited
Simplified Chinese translation copyright © 2024 by CITIC Press Corporation
ALL RIGHTS RESERVED
本书仅限中国大陆地区发行销售

教育观——以科学的方式提升孩子的学习能力
著者：　[美]萨尔曼·可汗
译者：　　万海鹏　王琦
出版发行：中信出版集团股份有限公司
　　　　　（北京市朝阳区东三环北路 27 号嘉铭中心　邮编　100020）
承印者：　河北鹏润印刷有限公司

开本：880mm×1230mm 1/32　　印张：8.5　　字数：150 千字
版次：2024 年 7 月第 1 版　　　　印次：2024 年 7 月第 1 次印刷
京权图字：01-2019-5499　　　　　书号：ISBN 978-7-5217-6635-6
定价：69.00 元

版权所有·侵权必究
如有印刷、装订问题，本公司负责调换。
服务热线：400-600-8099
投稿邮箱：author@citicpub.com

不要把孩子限制在你自己的知识里，因为他生在另一个时代。
——泰戈尔

教育的原理在于让学生在儿童时期就构建起良好的思维体系，教育无须强迫。在强迫下获得的知识对思维的发展没有任何好处。因此，不要强迫，而应在早期教育中融入快乐元素，这将更好地帮助你发现孩子的天性。
——柏拉图

目录

译者序　真正适合孩子的教育模式　　　　　　　　　　V

序言　革新你的教育理念与方法　　　　　　　　　　　IX

第一部分
尊重孩子的学习天性

我的教学观包含两条重要的认知：(1) 教学应该与每个学生的学习需要相匹配，而不是机械地按照教学日历去安排；(2) 如果学生想成功地掌握更高级别的概念，那么他就必须深入地理解相应的基础性概念。

01　教娜迪娅学数学　　　　　　　　　　　　　　003
02　10分钟注意力课堂　　　　　　　　　　　　　016
03　关注教学内容　　　　　　　　　　　　　　　021
04　精熟学习　　　　　　　　　　　　　　　　　025
05　最有效的教学方式　　　　　　　　　　　　　032
06　复习的方法　　　　　　　　　　　　　　　　041

第二部分
传统教育的弊端

在传统教育模式中，抽象与实践、知识与技能存在着二元对立，一方面，社会普遍认为大学教育是学生进入职场的大门；另一方面，学术界又始终对技能教育持有偏见。如何让学生在掌握理论知识的同时习得技能，是我们如今面临的挑战和机遇。

01	质疑习俗	049
02	普鲁士教育体系	063
03	瑞士奶酪式学习	071
04	考试结果的准确性	079
05	扼杀创造力	085
06	家庭作业	090
07	翻转课堂	103
08	教育的高成本与低效率	107

第三部分
可汗学院创新教育的实践经验

可汗学院打破了传统教育"一刀切"的模式，以自主学习、精熟学习为主要方法，打造一个全年龄段的、以学以致用为目的的教育体系。这从根本上改变了学生，让那些原来对学业漠不关心的学生突然开始承担责任，让曾经懒散懈怠的学生变得刻苦努力。

01	改进教学方法	115
02	可汗学院	121
03	向真正课堂的飞跃	127
04	趣味游戏	136
05	大胆尝试	140
06	洛斯阿尔托斯试验	149
07	自主学习	160

第四部分
面向未来的教育

既然我们无法准确预测现在的年轻人在十年或二十年后需要学习什么，那么此刻教会他们什么就显得不那么重要了。重要的是他们能够自主学习，并且尽可能公平地享有全世界的优质教育资源。在技术的助力下，教育将会拥有一个更具包容性和创造性的未来。

01	拥抱不确定性	169
02	我的学生时代	173
03	混龄教学	181
04	教学是一项团队活动	186
05	有序的混乱是件好事	191
06	重新定义暑假	195
07	成绩单的未来	200
08	为弱势群体服务	208
09	证书的未来	216
10	大学应该是怎样的	220

结语	好的教育需要培育孩子的创造力	233
注释		243

译者序
真正适合孩子的教育模式

教育公平、因材施教一直以来都是教育工作者孜孜追求的目标，互联网的出现为这一目标的实现提供了无限可能。以萨尔曼·可汗为代表的一批开拓者，将让任何人都能够享受世界一流的免费教育作为使命，创办了可汗学院，由此开启了教育模式改革的新一轮探索。尽管从可汗学院创立至今已经过去了十多年，但可汗学院所传递出的教育公平、有教无类、精熟学习、混龄教学、自主学习、终身学习等教育理念，在人人皆学、处处可学、时时能学的互联网时代仍具有非常重要的意义。

互联网的发展改变了人类社会的生产、消费和生活方式，加快了知识内容的生产和传播速度，拓宽了人们获取知识的途径，以往"以教为中心"的被动接受式学习显然难以适应当下知识更新换代迅速、去中心化、去权威化、共建共享的知识型社会。书中提出的"教育是如何发生的？考试的目的究竟是什么？大学应该是怎样的？创造力可以教出来吗？"等一系列朴素的基本问题，更是引起了我们对教育目的、教学方法、评价手段、家庭教育方式的深度反思。

教育是一个学生积极主动承担责任的过程，教育的目的不在于让学生记住或背诵多少知识，而在于学生能否对知识产生深层次的个人理解进而形成知识之间的内部关联链条，更在于学生能否与生产知识的专家学者之间建立相互交织且持续更新的通道网络。这样，我们培养出来的学生才能具备足够的韧劲和灵活性，去应对未来即将面临的巨大时代变革和各种未知的不确定性。

教学是一项相对复杂的综合性任务，涉及课前的教学设计方案撰写、教学课件制作与开发、学案设计，课中的新知讲授、学习活动组织、师生互动、课堂纪律管理、突发事件的应急处置、教学计划的及时调整，课后的教学反思、作业批阅、答疑解惑等一系列烦琐事务。传统课堂中，这些工作往往是由任课教师独自承担，没有同伴的支持，没有人可以商量。然而，每位老师并不是全能的，他们有各自的优势和不足。为此，我们应该改变这种现状，突破各种限制，让教学成为一项团队协作活动（既可以是多位教师合作开课，也可以是人机协同授课），让每位教师可以全神贯注于自己最擅长的领域。

评价事关教育的发展方向，有什么样的评价指挥棒，就有什么样的育人导向。评价不应该被用来给学生贴标签，而应该成为帮助学生们掌握必备知识、技能和核心素养的重要助手。未来的评价过程将更加贴近学生的真实生活，更加聚焦每一个学生的发展，更加关注德智体美劳的全面发展与均衡，评价结果的反馈呈现将不再是冷冰冰的一堆字母等级或数字分数，而是一个活灵活现的学习者的立体形象。

教育从来都不是由学校单方面构成的，家庭在其中担负着不可替代的作用。家庭教育与每一个人、每一个家庭都息息相关，不同的家庭教育方式将塑造孩子的不同人生。每一个孩子的成长过程都是独一无二的，没有所谓完美的孩子，家长应该尊重孩子在成长过程中表现出的各种差异，学会接受孩子在学业和生活上遇到的种种困境和挫折，而不应过早地给孩子定性分类贴标签，抑或总是用"别人家孩子"的标准来要求他们。

在各种自媒体如潮水般涌入、海量信息和知识触手可及、知识被快节奏碎片化消费的当下，我们更应该静下来、慢下来，重新审视什么才是适合的教育模式。应该说，萨尔曼·可汗的《教育观》中所蕴含的对教育本质的全新认识和理解，既是对传统教育模式的无声宣战，更指明了未来教育改革的可能方向。相信在技术的加持下，可汗学院创立时所设定的为任何地方的任何人提供免费的世界级教育的愿景使命将不再遥远。

  翻译过程中难免有疏漏之处，敬请广大读者批评指正，任何建议或意见，请发邮件至 dnvhp@cnu.edu.cn，不胜感谢。

万海鹏

2024 年 5 月 15 日

序言
革新你的教育理念与方法

我叫萨尔曼·可汗，是可汗学院的创始人和最初的教职员工之一。可汗学院以任何人都可以享受世界一流的免费教育为使命。我写这本书是因为我认为我们现在教与学的方式正处于千年一遇的转折点。

传统课堂模式已不再满足人们不断变化的需求，这种被动的学习方式已经过时，现代社会要求我们在处理信息时更加主动。传统课堂模式将学生根据年龄划分为不同的年级，制定统一课程表，希望他们在"一刀切"的课程中学有所成。这种教育模式在百年前是否是最佳选择已无从知晓，但可以肯定的是，它已不再适应当今社会对教育的需求。与此同时，新技术的发展为提供更高效的教学方式带来了希望，但也引发了困惑甚至担忧，因为这些光鲜亮丽的新技术往往仅被用作粉饰门面的无用装饰。

从传统教学方式向新教学方式的转变，需要跨越一道鸿沟，世界各地的孩子们每天都有人深陷其中。世界之大，瞬息万变，但教育制度的变革却十分缓慢，稍有不慎就易误入歧途。日复一日，随着一堂堂课的结束，学校的课程体系与学生的实际需要越发脱节。

当然，这些说起来很容易。但无论好坏，教育始终是人们关注的焦点。政客在演讲中大谈教育改革，而家长们更是忧心忡忡。他们既担心自己的孩子无法达到某种界定模糊又严苛的标准，又害怕孩子被同学超过，甚至还担心世界另一端的学生会更加优秀。有关教育问题的讨论与宗教争论一样，每个人都坚持己见，却都拿不出令人信服的证据。教育体系是应该更周密还是更宽松？考试的频率究竟是多了还是少了？标准化考试衡量的到底是学生长期的学习效果，还是仅仅考察学生的应试技巧？我们是否真的激发了学生的主动性、理解力和创造性思维，还是仅仅在延续一个毫无意义的游戏？

成年人也会担心类似的问题。系统教育完成后，我们的学习能力会发生什么变化？我们又该如何训练我们的思维，避免它变得懒惰和迟钝？离开学校后我们还能学习新东西吗，在哪里学，怎样学？

所有这些关于教育的讨论都是积极健康的，这无疑肯定了教育在这个竞争和互联的世界中的绝对重要性。问题是，这些关注和探讨并没有转化为有效的实际行动。即便有什么行动，也只是自上而下的政策，而这些政策往往是有害无益的。许多优秀教师和学校已经证明获得卓越的教育成果并非不可能，但他们的成功很难被复制和大规模推广。尽管人们在教育领域已经投入了大量精力和财力，但教育状况几乎没有得到改善。为此，有人甚至开始怀疑，现行的教育体系能否得到改进。

更令人不安的是，许多人似乎忽视了这场危机的本质。教育的目的与升学率和考分无关。教育的目的是帮助人成长，它关系到人的潜力的发掘和人的尊严的提升。

人们经常引用一个数字，即美国高中生现在的科学和数学水平在世界上仅排名第23位。在美国人眼里，这未免令人沮丧，但把它作为国家整体实力的衡量标准未免有些狭隘。我相信，尽管美国的教育体制存在某些缺陷，但至少在未来一段时间内，美国仍将保持其在科学和技术方面的领导地位。抛开这些不谈，美国并不会因为爱沙尼亚的学生更善于分解多项式而失去自己的主导地位。美国文化的其他方面，包括独特的创造力、创业精神、乐观主义以及资本，使其成为世界上最具创新潜力的沃土。这也是吸引世界各地的聪明孩子来到美国、获得绿卡并留在那里工作的原因。从全球的、前瞻性的角度来看，国家排名实际上没有任何意义。

但如果不敲响警钟，自满将带来彻头彻尾的灾难。企业家精神和创造力并不是美国人与生俱来的品质，如果没有源源不断的、受过良好教育的人才的支撑，美国的领先地位将变得岌岌可危。

虽然美国仍然是一个创新强国，但从中受益的会是谁呢？会不会是因为获得所需教育的美国学生太少，才迫使美国企业不得不从国外引进大量人才以维持平衡？美国是否会有越来越多的年轻人因为缺乏必要的工作技能而失业呢？

世界各地的年轻人都面临着同样的问题。他们缺乏足够的工作技能，无法为国家经济发展做出贡献，他们的潜力是否也会因此而被埋没甚至误入歧途呢？发展中国家真正的民主会因为糟糕的教育和腐败破碎的制度而无法立足吗？

这些问题兼具现实和道德意义。我相信，全球教育与我们每个人都息息相关。有谁能知道天才会在哪里出现呢？也许在非洲的一个村庄里，有一个小女孩找到了癌症的治疗方法；新几内亚一个渔民的儿子可能对海洋的健康状况有深入的了解。我们为什么要浪费他们的才能呢？拥有先进技术和资源的我们有什么理由不为这些孩子提供世界级的教育呢？只要我们拥有远见和勇气，就一定能让这一愿景成为现实。

但人们没有采取行动，而是继续空谈教育微不足道的改变。由于缺乏想象力或是害怕打破现状，关于教育改革的话题总是戛然而止，大众关注的不过是那些我们熟知但过分重视的标准，比如考试分数和毕业率。这些并非不重要，但更重要的是，未来几代人是否有足够的能力和生产技能以满足发展的需要，他们又能否充分发挥潜力以更有意义地维护真正的民主。

当我们提到这个问题时，我们将重新审视一些基本问题。人们到底是如何学习的？所谓标准的课堂模式（在学校听课，回家后独立完成作业）在数字时代是否合适？为什么学生在考试后很快就会忘记他们本该牢记的知识？为什么成年人会感到在学校学习的知识与社会实践严重脱节？这些都是我们应该思考的基本问题。但即便如此，哀叹教育现状和采取实际行动之间还是有很大区别的。

2004 年，一次偶然的机会，我开始尝试一些似乎有效的想法。试验证明，在很大程度上，这些方法是经过充分证实的原则的新体现。再加上新技术的可扩展性和可访问性，这些方法证实了重新思考教育的可能性。

在各种试验中，有一项试验大获成功，那就是我在 YouTube（油管）上发布的数学课。我不知道如何以最好的方式呈现它，也不知道是否会有效，更不知道是否会有人看我发布的内容。作为一名对冲基金分析师，我在日常工作之外的有限时间内进行了反复试错（当然，错误是不可避免的）。但在短短的几年里，我已经清楚地意识到，我的激情和使命在虚拟教学之中。2009 年，我辞去工作，全职投入到可汗学院这项事业中。

虽然"可汗学院"这个名字相当宏大，但是一开始，学院可用的资源非常有限。学院只拥有一台个人电脑，一个价值 20 美元的屏幕录像软件和一台价值 80 美元的手写平板，图表和方程式是通过一个名为 Microsoft Paint 的免费软件绘制的，而且经常不稳定。除了这些视频，我还以每月 50 美元的价格租赁了一个网络服务器，尝试运行一些收集来的测验软件。教师、工程师团队、后台支持人员和行政人员完全由我一个人担任。预算大部分来自我的积蓄。我经常穿着一件 6 美元的 T 恤和运动裤，对着电脑显示器讲话，展望着未来。

我的梦想并非创建一个点击率很高的网站，也没有想过成为有关教育的争论中昙花一现的人物。也许我是在妄想，但我梦想创造一些持久且具有变革性的东西，一个可以延续数百年的学院，来帮助人们从根本上重新思考可行的学校教育方式。

我认为，现在是进行一次这样的改革的时候了。历史上新的教育机构和模式都是在转折时期应运而生。哈佛大学和耶鲁大学是在北美殖民化后不久成立的，麻省理工学院、斯坦福大学和州立大学系统是工业革命和美国领土扩张的产物。我认为我们现在仍处于一个历史上最重要的拐点的早期阶段：信息革命时期。在这场革命中，变革的步伐如此之快，以至于深刻的创造力和分析性思维不再是可有可无的技能，它们已不再是只有社会精英才具备的优势，而是成了每个人必备的生存技能。我们再也不能只让世界上一部分人口接受教育了。考虑到这些，我写了一份雄心勃勃的使命宣言。借助当今已有但尚未被充分利用的技术手段，这一使命完全可以实现，那就是让地球上任何人都可以随时随地享受世界级的免费教育。

我的教育理念很直接又极富个性。我想按照我希望自己被教导的方式来教别人。也就是说，我希望传达学习的纯粹喜悦，让学生在理解宇宙万物时感到兴奋。我不仅想让学生掌握数学和科学的逻辑，还要让学生体验到数学和科学的美。此外，无论是刚开始求学生涯的孩子还是已经结束学业的成年人，无论是努力拼搏的学生还是希望保持思维活跃的老人，我都希望他们能够从我的教育方式中获得同等程度的帮助并取得满意的效果。

我不想在教室里持续进行沉闷的教学——死记硬背和生搬硬套公式，这种方式无非就是让学生能够在考试中取得好成绩。我希望帮助学生看到课程与课程之间的联系和进阶；我也希望训练他们的洞察力，这样即便他们每次都只掌握一个概念，也能够在之后将这些信息进行有效整合，进而掌握一门完整的学科。总而言之，我想重新唤起学生对学习的兴趣——积极参与学习并享受学习带来的天然兴奋，这种兴奋在传统教学中往往会被压制。

在可汗学院早期，我只有一个学生，她是我的表妹娜迪娅。

到 2012 年年中，可汗学院规模越来越大。我们每月向 600 多万名学生提供教育服务——这一数字是哈佛大学 1636 年成立至今所培养学生总数的 10 倍以上，并且这个数字还在以每年 400% 的速度增长。这些视频已经被观看了超过 1.4 亿次，学生们通过我们的软件做了近 5 亿次练习。我个人发布了 3000 多节视频课程，都是免费的，并且没有广告。这些视频涵盖了从基础算术到高等微积分，从物理学到金融学到生物学，从化学到法国大革命等内容，几乎无所不包。我们还积极招聘世界上最好的教育工作者和软件工程师。可汗学院已经成为最受欢迎的网络教育平台，被《福布斯》描述为"为什么没有人想到这些……它正迅速成为地球上最具影响力的教学组织"。比尔·盖茨公开承认，他在和自己的孩子一起研究数学问题时使用了这个网站。

这本书在某种程度上是关于可汗学院惊人的成长经历和被大众接纳的故事。但更重要的是，可汗学院的成长揭示了当今世界的需求。

―――――

几年前，可汗学院的知名度仅限于我的亲朋好友中为数不多的几名中学生。这个网站是如何以及为何能够传播到世界各地，为不同年龄和各种经济条件的渴望学习的人所知道的呢？为什么学生会把这个网站告诉他们的朋友和老师？为什么老师们会把这个网站推荐给学校领导？为什么家长们不仅利用这个网站帮助孩子学习，同时也通过它温故知新、继续学习呢？

简而言之，可汗学院到底满足了大众哪一方面的需求？

为什么可汗学院能以传统课程未能做到的方式来激励学生并让学生感受到了快乐？至于教育成果，我们能否用真实的数据来证明可汗学院确实能够帮助人们学习？它是否提高了考试分数？更重要的是，可汗学院的教学方式是否能够让学生真正掌握知识？它能否帮助学生顺利升学？视频课程和交互式软件到底是更适合作为传统课堂的附件还是指明了教育改革的未来方向，即让学生自己掌控的主动学习？

无论是对8岁还是80岁的学生来说，点开一个新的教学视频就像是开启了一段属于自己的探索历程，所产生的疑惑以及需要完成的练习都会给他们带来挑战。每个人都可以以自己的节奏迎接这些挑战。进步缓慢不会让人感到羞耻，也不会有课堂上跟不上进度的窘迫。视频永远不会消失，学生们可以在必要时经常复习。错误是被允许的！学生不用担心自己的学习状况让老师失望，也不用因为担心在全班同学面前丢脸而提心吊胆。

我一贯坚信可汗学院至少能够为未来教育的发展提供一次有价值的尝试，即结合教学艺术与科学的信息呈现和数据分析，以尽可能低的成本提供最清晰、最全面、最合适的课程。考虑到技术发展和经济形势，我有足够的理由相信这一点。但最令人信服的证据莫过于学生们的反馈。

在过去几年里，我们已经收到了成千上万封来自受益于可汗学院的学生的电子邮件。它们来自欧洲的城市、美国的郊区、印度的村庄以及中东的城镇（那里的年轻女性有时会尝试秘密地接受教育）。其中一些邮件简短而有趣，另一些则详细而真诚。有些来自那些在学校挣扎、对自己不够满意的孩子，还有一些来自担心自己失去学习能力的成年人。

这些邮件都传递出了明确的信息。无论是在精英式的贵族学校还是平民学校，都有太多聪明刻苦的孩子没有接受到合适的教育。太多孩子的信心被践踏了，甚至很多所谓的"好"学生也承认，他们虽然取得了好成绩，但实质上并没有学到任何有价值的东西。孩子们和成年人的好奇心都被课堂上或工作场所的无聊以及持续不断的低智商流行文化的背景噪声所耗尽。

对这些学生来说，可汗学院就像是一个避难所。在这里，他们可以体验到在课堂上和工作场合体验不到的经历。观看视频课程或使用交互式软件能让人更聪明吗？当然不会。我想强调的是，这种教学方式更加有效：它为学生创造了一个能够让人自由释放好奇心和学习热情的环境，让他们意识到自己本来就很聪明。

学生给我反馈的邮件是我撰写这本书最主要的原因与动力。我认为这是一种宣言——既是一份非常个人化的声明，也是一种号召和动员。传统教育必须改变。它需要与世界建立更紧密的联系，需要与人类真正学习和成长的方式协调一致。

人们在何时何地最能集中注意力？当然，这个问题的答案完全取决于个人。有些人早上头脑最为清醒，有些人在深夜学习效率更高；有些人在安静的房间更能集中注意力，而有些人则喜欢边听音乐边学习，甚至是在咖啡店里伴着嘈杂的声音学习。考虑到这些差异，我们为什么仍然坚持认为教室才是教学的主要场所呢？我们为什么还要统一规定每个学生的学习节奏和进度呢？

科技有能力将我们从这些限制中解放出来，使教育更加便捷、灵活和个性化。科技还能培养学生的主动性和个人的责任感，重新唤起学习过程中的乐趣，如同探宝游戏一般。另外，科技还提供了另一个潜在的好处：互联网使教育变得更容易获取，无论是知识还是学习机会都能够更加公平地被人们获取。高质量的教育不需要依赖于校园，贫富差距也不会导致教育资源分配的不公，世界各地的学生都可以获得与比尔·盖茨的孩子一样的课程。

老话说，生活就是一所学校。随着我们的世界变得越来越小，人与人之间的联系也愈加紧密，整个世界变得像一个巨大的学校。这座学校里既有年轻人，也有老年人；既有学习速度快的，也有学习速度慢的。在这里，我们既是学生，也是老师；我们可以通过独自钻研来学习，也可以通过帮助他人、与他人分享或者为他人答疑解惑来学习。

  我喜欢把可汗学院看作这所全球课堂的虚拟延伸。这是一个欢迎所有人的地方，所有人都可以被邀请去教学和学习，也鼓励所有人尽其所能。成功可以由我们自己来定义，但失败只有一个原因，那就是放弃。就我自己而言，在教学的同时我也在学习。一方面，我获得的收益远超最初的投入，比如我恢复了智力乐趣，重新唤起了我的好奇心，与其他思想和其他人建立了连接。我希望有一天，可汗学院的每一个学生以及这本书的每一位读者都能拥有和我一样的收获。

第一部分

尊重孩子的学习天性

我的教学观包含两条重要的认知：(1)教学应该与每个学生的学习需要相匹配，而不是机械地按照教学日历去安排；(2)如果学生想成功地掌握更高级别的概念，那么他就必须深入地理解相应的基础性概念。

01
教娜迪娅学数学

> 飞行是一门艺术,更确切地说,是一种诀窍。诀窍在于学会如何把自己扔向地面而又不会撞上地面。选择一个美好的日子,尝试一下。
> ——道格拉斯·亚当斯《银河系漫游指南》

这个故事要从一个学生和一个老师说起。它以一个家庭故事为开端,所以先让我讲述一些我的家庭背景。

我出生在美国路易斯安那州新奥尔良一个叫梅泰里的地方。我的父亲是一名儿科医生,他因为在路易斯安那州立大学担任住院实习医师而从孟加拉国搬到这里,随后进入一家慈善医院工作。1972年,他短暂地回到孟加拉国,与我出生于印度的母亲完婚,然后他们又一起回到了这里。这段婚姻是非常传统的包办婚姻,以至于在婚礼仪式上,我母亲曾试图偷看新郎,以确保她嫁的是她心仪的那位兄长。在接下来的几年里,我母亲的五个兄弟和一个堂兄来我家做客，随后他们纷纷爱上了新奥尔良。我认为他们爱上新奥尔良的原因是，路易斯安那州是美国本土环境最接近南亚的州，而且那里还有辛辣的食物、潮湿的气候、巨大的蟑螂和腐败的政府。我们是一个亲密的大家庭，虽然在很多时候，我家的亲戚之间相互都不怎么说话。

尽管如此，家庭婚礼仍然是一件大事，所以当我在2004年结婚时，40多位亲戚长途跋涉来到我妻子家所在的新泽西州，其中就有我的表妹娜迪娅。

如今（2012年），娜迪娅已经是莎拉劳伦斯学院医学预科的大三学生了。但在2004年那会儿，她还只是一个非常严肃认真的12岁女孩，刚刚经历了人生中第一次学业挫折。在六年级期末的数学等级考试中，她的成绩很糟糕。但她是个优等生，上进心很强，做事情总是做好各种准备。这次考试的拙劣表现让她感到困惑，同时也伤害了她的自信心和自尊心。

从婚礼后我与她的交谈来看，娜迪娅已经接受了那次测验的结果。她认为她不擅长数学。但对此我却有不同的看法。因为我从她身上看到了她真正的潜力——逻辑能力、创造力和顽强的毅力，我甚至已经将她视为未来的计算机科学家或数学家。但让我百思不得其解的是，她竟然和所有人一样，觉得六年级的东西很难学。

在经历了传统的教育体系之后，我很清楚地意识到，把她安排在数学慢班很可能对她在数学方面未来的发展产生致命的影响。由于上次测验是"分班考试"（我们将有机会回到这个话题），其结果将对娜迪娅的学业产生巨大影响。如果她不能进入快班，她将不能在八年级学习代数，那么她在十二年级就不能学习微积分。这样下去，她的潜力将会被埋没。

既然考试成绩糟糕已成为既定事实，那要不要采取些什么措施予以补救呢？娜迪娅的母亲可不这么认为。在参加完我的婚礼之后，他们去了波士顿，也就是我生活和工作的地方。娜迪娅显得十分沮丧。所以，我提出了略显草率的建议。那就是如果娜迪娅的学校允许她重考一次，那么等她回到新奥尔良后，我愿意远程辅导她。至于我将如何辅导她……好吧，当时我还在思考之中。

首先请让我澄清一下，因为我认为这对接下来的一切都是至关重要的。一开始这只是一个试验，一个即兴尝试。我没有接受过教师培训，对于什么是最有效的教学方式也没有任何概念。我只是觉得我是凭自觉理解数学的，而且对数学的把握是很系统全面的，但这并不能保证我作为老师也是有效的。我遇到过很多教授，他们对自己的学科非常了解，但就是不善于向学生分享他们的知识。我一直认为，教学是一种独立的技能——事实上，它是一门兼具创造性、直观性和高度个性化的艺术。

但教学不应仅仅是一门艺术，它也有或者应该有一些科学的严谨性。我觉得我可以尝试各种不同的技术，看看哪些技术对教学有用，哪些对教学作用不大。随着时间的推移，我就可以把自己培养成对娜迪娅有用的导师。当然这个过程本身就是一项智力挑战。这一挑战虽然与我在投资或技术领域所面临的没有太大不同，但它却总能给予我所关心的人鼓舞。

我对人们如何学习没有先入为主的概念，同样也没有被所谓"正确"做事的传统观念所束缚。我始终在摸索如何最好地去传达信息并充分利用现有技术。简而言之，我是从零开始，没有受到任何已有习惯或假设的羁绊。这不是因为我跳出了思维定式，而是我压根儿就没有任何固有模式。我一直在不断尝试，从中发现有效的方法，并对那些不奏效的方法进行盘点总结。

事实上，我确实在教娜迪娅的过程中融入了我个人的一些做法，尽管这些做法源自个人经验而非教学理论。在我上学的时候，我觉得有些老师更喜欢炫耀他们的知识，而不是与学生有效交流。他们缺少耐心，偶尔还带有傲慢甚至居高临下的意味。有些老师则是照本宣科，让人感觉他们根本没有经过思考。我希望我对娜迪娅的辅导是一次安全、个性化、舒适、具有启发性的体验。我想以对话的方式分享思考过程，就仿佛是在和与我一样聪明的人对话,而对方只是还没完全理解已有的学习内容罢了。

我坚信包括娜迪娅在内的绝大部分人都可以学好数学。我不想让娜迪娅死记硬背,抑或机械地、割裂地去学习数学。我深信,如果她能理解数学的基础性概念以及概念之间的逻辑关系,那么后续学习数学将会变得容易。

无论如何,辅导娜迪娅的第一步是确定这次数学考试中让她感到困惑的方面。让我大为吃惊的是原来她在单位换算的概念上存在困难。单位换算其实是一个相对简单的概念,就是计算诸如 6 英里等于多少英尺,或 3 品脱等于多少盎司。首先需要学会一些术语,比如"kilo"表示千,"centi"表示百分之一,其余的单位都可以很容易查到,接下来就是简单的乘法和除法了。而娜迪娅在一些微妙概念的掌握上则做得非常好。

那么娜迪娅为什么会在单位换算上存在困难?她自己不清楚,我也不清楚。但我们可以一起来想想她没有掌握这个概念的可能原因。

也许她刚好旷了"单位换算"概念的那节课。也许她当时在上课,只是学习状态不太好。也许她在打瞌睡,或是肚子痛,抑或是因为和妈妈吵架而心情不好。也许她在后一节课上有一场考试,因临时抱佛脚准备考试而没有集中注意力听讲。也许她暗恋着座位离她两排远的一个男孩,正在做白日梦。也许她的老师急于往后赶教学进度，没有很清晰地解释这个概念。

当然上述这些都只是猜测。关键是，有很多种情形可能导致娜迪娅没能掌握"单位换算"这个概念。一旦她错过了"单位换算"的学习，这个概念将不会再次出现在课堂上。因为这个模块的教学任务已经完成，那些存在问题的地方也已经解释清楚，教学板书也被擦除了。而按照课程表的安排，接下来教师还要推进其教学进度。

让我们花点时间考虑下这个问题。娜迪娅碰巧上了一所很好的私立学校，师生配比合理，班额很小。显然，班额一直被不少人视为提升教学质量的灵丹妙药。他们认为在不增加学生数量的前提下，如果我们能招聘更多的教师、建更多的教学楼、购买更多的教科书和配置更多的计算机设备，教学的班额就能变小，这样我们的标准化教育模式就会运转得很好（甚至让办学质量差的学校看起来像优质名校）。现在，没有人反对小班教学的提法。我同样希望我的孩子所在的班级师生比例尽可能高，这样他们才可能有更多的时间与老师进行真正的深度交流。然而不幸的是，小班教学并不能自发地解决学生跟不上教学进度的问题。

因为班级授课忽视了人们学习中的几个基本事实。人们的学习速度各不相同。有些人能够凭直觉感知快速地理解事物，有些人则需要细嚼慢咽地去理解。学得快并不代表聪明，学得慢也并不表示愚钝。学得快并不意味着理解得透彻。学习速度的快与慢与智力无关，只是学习风格的问题。正如乌龟最终可能会获得比兔子更多、更有用、更持久的知识。

此外，在学习需要抽象创造力的高等数学时，一个算术学习慢的学生可能会表现得出类拔萃。问题的关键是，不论班级里有10个、20个还是50个学生，他们在任何时候对某个概念的理解都会有差异。如果老师只是按照课程大纲既定的步调让学生学习，而不管学生对概念理解的程度，那么即使是一对一教学，其效果也不会太理想。在老师对某个教学任务模块进行总结，随后安排测试并准备进入下一个模块的教学时，很可能还有一部分学生对这个即将结束的模块理解得不透彻。

如果给这部分学生足够的时间，他们最终可能都能理解。但这正是问题所在，因为在标准化的课堂教学中，老师都会按照既定的计划进入下一个教学任务模块。无论班级规模如何，教学总是在按部就班地进行。

在摸索如何辅导娜迪娅的过程中，我总是让我的教学方式与我所认为的人们真正学习的方式相匹配，并逐渐形成了两条很重要的认知：(1) 教学应该与每个学生的学习需要相匹配，而不是机械地按照教学日历去安排；(2) 如果学生想成功地掌握更高级别的概念，那么他就必须深入地理解相应的基础性概念。

让我们继续娜迪娅的故事。

她回到了新奥尔良的学校。我恢复了我在波士顿的工作和生活。我给我俩都配备了廉价的手写平板，通过一个叫作"雅虎涂鸦"的程序，我们能够在各自的电脑上看到彼此潦草的涂鸦。我们通过电话交流，以解决"单位换算"这个棘手的知识点。

第一周的辅导对我来说纯粹是一场折磨。我猜不只我有这样的感觉，娜迪娅肯定比我更加煎熬。但在这种直接且密切的交流中，我了解到了很多阻碍学习的复杂因素。

毫无疑问，娜迪娅非常聪明。当她和她的家人来波士顿拜访我时，恰逢7月4日（美国独立纪念日），我们在等待着查尔斯河上即将燃放的烟花。在等待期间，我们为了消磨时间玩起了脑筋急转弯的游戏。我记忆最深刻的是娜迪娅非常愿意解决棘手的问题，她善于分析且极富创造力，她甚至能够逻辑分明地分解顶级工程学院和商学院的应聘者都难以回答的问题。然而，一旦涉及单位换算，她的大脑似乎宕机了，像是突然被冻住、锁住了似的。在我看来，她只是在内心里否定了自己。就像许多人无法理解某一个知识点一样,她告诉自己,她永远掌握不了它,仅此而已。

我告诉她:"娜迪娅,你已经掌握了比这更难的东西,你也一定能够拿下这个知识点。"

不知是她没听到我说话,还是以为我在骗她,在做练习的时候,我们开始出现了问题。我问了一个问题,而她沉默了,沉默持续了很久,以至于我以为电话或网线断了。终于,她温柔的声音出现了:"1000?"

"娜迪娅,你是在猜吗?"

"100?"

我开始意识到,比起帮助,或许我给她带来的伤害更多。虽然我的想法是善意的,但还是给她带来了很多不适和焦虑。我原本是希望恢复她的信心,但事实上我可能在进一步打击她的自信心。

这件事迫使我承认,无论是在房间里,还是在电话的另一端,无论是在一个30人的班级里,还是在一对一的辅导中,老师的出现有可能成为禁锢学生思维的根本原因。从老师的角度来看,他们是在帮助学生;但从学生的角度来看,如果老师不改变方式,学生很难避免不出现对抗的情形。老师向学生提出一个问题,会期望学生立即给出答案,这无疑给学生带来了压力。学生不想让老师失望，也担心自己会被评判。这些因素都会影响学生集中精力学习。有的学生甚至觉得和老师交流，或者告诉老师自己理解了哪些内容、还有哪些内容不理解是一件很难为情的事。

基于这一点，当然也有不甘心，我尝试了一种不同的策略。我说："娜迪娅，我知道你很聪明。我不是在评判你。但我们现在要改变规则。你不能瞎猜，也不能给出空洞的答案敷衍我。我只想听两种回答，要么直接给我一个明确、自信的答案，要么说，'萨尔曼，我不明白，请再复习一遍'。我不要求你一次就能听懂，我也不会因为你问问题或者想要让我重复讲一次而瞧不起你。"我想这可能会让她有点生气，但效果证明我没有做错。她开始果断甚至略带愤怒地对我大声说出答案，或者承认没有理解并要求我再讲一遍。

在那之后不久，娜迪娅茅塞顿开。她似乎突然明白了单位换算的意义，辅导课程也变得更加有趣。到底是娜迪娅掌握了单位换算在先，还是她喜欢我的课程在先？我真的不知道，而且我认为这并不重要。重要的是，随着她对这个教学方式越来越满意，她的自信和机敏又回来了。当她知道我提出的问题的答案时，我能感受到她的喜悦。更为重要的是，当她需要我为她重复解释一些内容时，她就好像在按回放按钮，不再感到尴尬或丢脸。

娜迪娅的情绪还有其他变化。在掌握了单位换算这个知识点后，她开始为之前自己没能理解它而生气。这是一种健康的、有用的情绪。她为自己之前的气馁而生气，为怀疑自己的能力而生气，也为自己在挫折面前屈服而生气。如今，她已经征服了一个顽固的知识点，那下一次再遇到困难的时候，她就不会让自己轻易被吓倒了。

娜迪娅重新参加了数学考试，并取得了优异的成绩。与此同时，我也开始辅导她的弟弟阿尔曼和阿里。不少亲朋好友听说了此事，不久我便有了近10个学生。我当时并没有意识到，可汗学院已经不知不觉有了一个雏形，而且是在学生和家长们的好奇心和需求的驱使下形成的。可汗学院开始在无形中悄然传播，它已经进入了初创阶段，并且势头渐长。

值得骄傲的是，我所辅导的学生很快就在同年级的学生中脱颖而出，而我也迷上了教学。我情不自禁地把自己的辅导工作及其带来的满足感与我之前的对冲基金工作进行比较。有人将对冲基金称作恶魔，我绝对不同意这种说法。在这个领域工作的大多数人实际上都是十分善良的高级知识分子。但是，投资工作并不能完全算是社会服务。这真的是我想过的生活吗？投身于对冲基金这个行业真的是我在地球上有限时间内的最佳选择吗？

我陷入了两难境地。一方面,我非常喜欢这份工作——它具有挑战性,在智力和财力上都有一定的回报。但另一方面,我一直有一种不安的感觉,觉得自己被困住了,无法从事一份我认为更有价值的事业。

于是我决定继续在基金公司工作,努力攒钱,期待着攒够了钱就辞职。与此同时,我开始尝试各种教学方式,以找到效果更好的辅导方法,满足学生不同的需要。再一次,我采取了能解决问题的具体方法——一种工程师常用的方法。

我试着一次安排三四个学生利用即时通信软件 Skype 参加课程,但是这样做教学进度非常缓慢,远不如一对一的效果好。为了促使流程自动化,我写了一些软件来自动生成问题,并跟踪每个学生的回答过程。我很喜欢写程序,它给了我很多有价值的见解,让我明白应该重点关注哪里。正如我在后面讲到的,这些收集、组织和解释数据的技术现在已经成为有用且复杂的工具,但在当时,我所写的程序本身并没有解决如何使实时会话更具可扩展性的问题。

后来,就在我开始觉得自己承担了太多,需要稍做调整的时候,朋友提出了一个建议:为什么不把课程录制下来并在 YouTube 上发布呢?这样每个学生都可以在方便的时候观看。

那一刻,我认为这个想法是极其荒谬的!YouTube? YouTube

是发布诸如给猫弹钢琴一类视频的,绝不可能跟数学有任何关系!将一个严肃的、系统的课程发布到YouTube上?显然,这个根深蒂固的想法太过愚蠢。

不过在发布了大约3000个视频之后,我真的希望当时这个想法是我自己想出来的。

02
10分钟注意力课堂

性格、方式、风格,一切都在追求简单与卓越。
——亨利·沃兹沃斯·朗费罗

有些人认为,高质量的教育离不开风景优美的校园和设备先进的教室,他们相信只有富裕的国家和群体才能享受这种奢侈品。对此,我想用可汗学院早期的一些事情来反驳。例如,可汗学院的总部一开始是一间客房,后来是一个衣帽间。没错,就是一间更衣室,有电源插座,放着一张小桌子,甚至还有一扇可以俯瞰花园的窗户。但这仍然是一间更衣室。我把它看作和尚修行的小房间。在这里,你能够集中注意力,不会受到舒适生活的干扰或诱惑。

在可汗学院的开始阶段,我在持续摸索最有效的视频课程呈现方法。我自己的品位和性格使我以朴素简洁的方式呈现录制的视频。

例如，一开始，我决定将我的电脑"黑板"界面设定为黑色。尽管它是虚拟的，但我觉得"黑色"的黑板带有一种神奇的魔力。我的主要目的是唤起学生学习的热情，找回学习的乐趣甚至给他们带来一种悬念，让他们将对知识的追寻视为一种寻宝游戏，带着问题去主动寻找答案。这种方法看起来比直接告诉他们答案更有效。正如知识为黑暗中的人们带来了光明一样，学生通过场景应用和专注，在一片空白中找到了属于自己的答案。

我所做的另一个关键的决定与课程时长有关。当我在电话里辅导娜迪娅的时候，我们没有特别的时间限制。我们会一直讨论，直到我们其中一个人有事不得不离开，或者娜迪娅掌握了某个概念，或我们的身心已经疲惫不堪。但当我开始在 YouTube 上发布视频时，我不得不遵守他们的规则。尽管他们的规则现在已经针对具体内容做出了相应的调整，但在当时，上传的视频长度被限制在 10 分钟以内。所以我的课程时长只有大约 10 分钟。

实践证明，10 分钟左右是非常合适的时长。

需要澄清的是，我事先并不知道这个事实。这次实践只不过是凭借直觉和偶然误打误撞。但事实上，一些权威的教育理论家早就证实了学生注意力能够持续集中的时间是 10~18 分钟。

1996年，印第安纳大学的两位教授琼·米登多夫和艾伦·卡利什在著名的同行评议期刊《国家教学论坛》上发表了一篇非常详细的报告，描述了学生在课堂上注意力的起伏变化。值得注意的是，这项研究关注的人群是大学生。在进行这项研究时，还没有短信和推特的出现。由此可以推测，现在年轻人集中注意力的时间会更短，并且会受到更多干扰因素的影响。

两位教授认为，需要将完整的课时按分钟来分析。他们发现学生们需要3~5分钟才能安定下来，然后是10~18分钟精力集中的最佳时间。在那之后，无论老师讲得有多好，或者这个主题有多诱人，都会有学生走神。用俗话来说，学生会"溜号"。虽然后面学生还能够再次集中注意力，但专注持续的时间会越来越短，在即将下课时，注意力集中的时间只有3~4分钟。[1]

1985年也有一项类似的研究，测试学生们对一个20分钟陈述的内容的回忆。为了便于评分，研究人员将课程分成四个部分，每部分5分钟。虽然你可能会认为学生们记得最牢的是课程最后一部分内容，但结果恰恰相反，学生们记得最牢的是课程的第一部分。到了第15分钟，他们基本上已经头昏眼花了。

我想说的是，早在可汗学院或YouTube存在之前，可靠的学术研究就已经深入描述过学生注意力集中的时长、变化和极限。然而，这些发现——它们非常引人注目、一致且确凿，且从未被驳倒——却没有在现实世界中得到广泛的应用。

奇怪的是，虽然米登多夫和卡利什对学生的注意力进行了研究，但他们并没有将报告得出的结论应用于实践。尽管他们发现学生注意力集中的时长只有10分钟或15分钟，但他们仍然认为一节课的时长应该为1个小时。因此，他们建议，老师们应该在课堂的不同时刻变换讲课方式，目的是让学生重新集中注意力。也许，对熟练或者足智多谋的老师来说，这些改变能够有效地让孩子重新集中注意力。但这样做只不过是在回避问题的核心，与研究结果背道而驰。如果学生的注意力只能集中15分钟，那么老师为什么仍然会认为一节课应该是1个小时呢？

此外，如果变换讲课方式（比如采用小组讨论方式或鼓励学生积极解决问题）能够让学生重新集中注意力，那为什么现在主要的教育方式仍然是照本宣科呢？为什么学生只能被动听讲呢？

各项研究（坦白说，就是经验和常识）已经为我们指出了一个明确的方向，但我们仍会在惰性面前妥协，沿用现有的教育模式。

如今也有一些例外。许多人文学科的大学课程都侧重于讨论。学生们提前阅读课程材料，之后在课堂上进行讨论。早在100年前，哈佛商学院通过开创性的案例研究，将这一点推到了极致，此后许多商学院也纷纷效仿。对于会计或金融之类的科目，学校几乎不再采用老师单纯授课的方式。学生在课余时间阅读一份 10~20 页的案例，比如对某个公司或个人情况的描述，也就是"案例"，然后老师会组织学生在课堂上进行讨论或辩论（学生必须出勤）。教授们在那里的主要作用是为了促进讨论，而不是主导讨论。从我个人的经验出发，在这样的课堂上，尽管教室里有 80 名学生，你的大脑也很难走神，这是因为大脑会积极主动处理其他同学提出的观点，同时你也会尽全力得出自己的结论。在整整 80 分钟的课程中，你可以不断地贡献新的想法。时间过得很快，你甚至舍不得课程结束。在这样的课堂上，学生比任何传统课堂都更投入。

最重要的是，你和同龄人的想法能产生共鸣。直到今天，我还能想起 10 年前同学与我分享的（或我在课堂上分享给他人的）想法和思考问题的方式，我还会用这些方法来帮助可汗学院的学生处理成长过程中或机会来临时遇到的问题和困难。

03
关注教学内容

艺术是消除不必要的东西。
——巴勃罗·毕加索

很多教学方法和方式都已经经过理论证明，却从未在现实中得到应用，而可汗学院却在不经意间依靠直觉和运气将这些教学方法用于实践。YouTube 视频课程的时长只不过是在这种情形下歪打正着的成功案例之一。正如我们即将看到的，这一主题还会反复出现。

现在，我想介绍一下我在形成教学方法中考虑的另一个关键因素：成本。我完全是在用个人积蓄支持可汗学院。我喜欢教书，但我不想因为教书而破产。对于发布视频课程到网上这件事，我希望将设备和制作成本保持在最低水平。

正因此，而不是因为一些先前的教育理论，我决定在课程中不露脸。当时我没有合适的摄像机，也不想买。这几乎是一个无底洞：如果我有一台摄像机，我还要担心光线的问题。等我把光调好了，我还要考虑穿什么，我的牙齿上是否有菠菜。这会让整个过程变得更像拍电影，而不是辅导学生。辅导学生需要和学生沟通，而不是单向输出。我想让学生们感觉他们就坐在我旁边，肩并肩一起解决问题。我不想让自己看起来像一个站在黑板前的讲课机器，从而拉远与学生的距离。因此我决定，在视频课程中学生只能听到我的声音，只能看到我在电子黑板上潦草的字迹（偶尔还有历史图片），除此之外，学生看到的内容和我看到的完全一样。

人类会不由自主地把注意力集中在他人的面部。我们会不断扫描周围人的面部表情，以此判断谈话的气氛。我们似乎天生就会相互对视，在听对方说话时也会读对方的唇语。抚养过婴儿的人都会注意到，婴儿在看着母亲时会特别专注；事实上，父母的脸可能是新生儿最先关注的东西。

那么既然面部对人类如此重要，为什么要把面部排除在视频之外呢？因为它们会极大地分散人们对正在讨论的概念的注意力。毕竟，还有什么比眨着的眼睛、抽动的鼻子和每说一个字就动的嘴巴更让人分心的呢？把一张脸和一个等式放在同一帧里，眼睛会在两者之间来回跳动，注意力会随之分散。我们是不是都有过这样的经历：由于我们总是把注意力集中在与我们交谈的人的特征上，而不是把注意力集中在谈话的内容上，从而使谈话迷失了方向？

这并不是说教师和学生的面孔对教学过程不重要。相反，老师和学生的面对面交流是使课堂体验更具人性化的一个重要方面，能够让老师和学生都展现出自己的独特性。通过面部表情，老师们能够传达同情、认可和细致入微的关心。反过来，学生们也会透露他们的压力和不确定性，以及理解一个概念后的喜悦。

尽管如此，面对面交流可以而且也应该从视频教学中分离出来。这两种教育方式绝不是相互冲突的，而是相辅相成的。以计算机为基础的课程节省了宝贵的课堂时间，不需要学生将大量时间投入传统课堂——在这种模式下，学生们通常是茫然地坐着，老师没有有效的方法来评估谁听懂了，谁没有听懂。相比之下，如果学生在互动之前已经完成了课程，那么实际上就有了可以谈论的东西，有了交流的机会。最后需要强调的一点是，有些人担心基于计算机的教学是为了取代教师或降低对教师技能水平的要求，但事实恰恰相反，一旦学生在网上（通过视频或练习）初步接触到一个概念，教师会变得更加重要。然后，教师们就可以抽出时间与那些正在苦思冥想的学生面对面交流，摒弃枯燥的教学，开展指导、激励和提供观点等更高层次的任务。

上述所有内容表明了我内心深处的教育理念：在教育中，不要惧怕技术，而应拥抱技术；如果使用得当，基于计算机的课程实际上可以让教师做更多的"教"的工作，教室也变成了一个相互帮助的工作室，而不再是一个被动学习的地方。

04
精熟学习

> 创新的本质在于，它虽然经常出现在边缘地带，但是总能被大众接纳和认可，也不会被传统体系的惯性所压倒。
> ——凯文·凯利，《连线》杂志联合创始人

前文中，我们已经简要介绍了可汗学院选取教学方法方面所依据的一些基本原则，并提到了我在做选择时依靠的直觉。在继续讨论之前，我想提一个重要的概念，它将在我们的故事中占据重要地位：精熟学习法（或称精通式学习）。

从根本上说，精熟学习法只是建议学生在理解一个更高级的概念之前，应该充分理解一个给定的概念。虽然这看起来很简单平常，但精熟学习法有一段崎岖且有争议的历史，至少有两方面原因让人感兴趣。首先，它再一次证明相关教育机构未能跟进其最佳研究和最合理建议；其次，随着技术的进步发展，在精熟学

习法的优势首次被提及和证实近一个世纪之后，它才终于有可能被广泛应用于真实的学校和学生中。

这里有一小段历史。早在计算机、电视和抗生素还没有出现的 1919 年，一位名叫卡尔顿·沃什伯恩的进步教育家就被任命为芝加哥市郊文纳特卡镇的学校负责人。文纳特卡镇是当时美国较为富裕的城镇，在这里进行教育改革试验，不管是时机还是地点都很合适。一方面，美国在第一次世界大战中的胜利鼓舞了全国的士气，并进一步塑造了美国人的积极进取精神；另一方面，美国经济正处于上升期，文纳特卡镇的学校系统规模适中，且拥有开展试验的意愿和卓越手段。1922 年，沃什伯恩提出了广为人知的文纳特卡制教学制度。

该制度的核心就是精熟学习法，在当时看来较为激进。为什么呢？有两个原因。首先，它基于这样一种信念，即只要提供适合学生学习的条件，所有学生都能掌握学习内容，没有一个学生会掉队或学业不佳。其次，精熟学习法不是根据时间来安排课程，而是根据理解程度和想要达到的水平来安排课程。这就彻底颠覆了传统。在传统模式中，每堂课都有特定的主题或概念，在规定时间结束后，尽管个别学生对内容的掌握程度与其他学生差别很大，但整个班级的学习仍继续向前推进。与此相反，在沃什伯恩的系统中，学生们在自步学习的帮助下，以不同的速度向相同的目标前进。那些学得快的学生可以继续向前，或者做"巩固练习"；那些学得慢的学生可以通过个别化辅导、同伴帮助或额外的家庭作业来加快学习进度。

在此，我需要强调一下每个人学习过程中的差别，因为它构成了我在这本书中所论证的一切的核心。在传统教育模式中，学习某些内容的时间是固定的，但学生对概念的理解程度却是可变的。沃什伯恩的主张正好相反，他认为固定的应该是对概念高水平的理解程度，而变化的应该是学生理解一个概念所需的时间。

在20世纪20年代，文纳特卡制度备受关注。用于满足自学需求的"练习册"在全美国都十分抢手。卡尔顿·沃什伯恩也成了一名学术明星，被任命为美国进步教育协会的主席，并在布鲁克林学院任职。但奇怪的是，精熟学习法这个概念很快就被人们遗忘了，几十年后，它被彻底抛弃了。

为什么？毫无疑问，有一部分是经济原因。像文纳特卡这样小而富有的学校系统可以负担得起新的教科书、练习本和所需的其他材料。但是当时的纸质出版物依然很贵，在全国范围内推广不切实际。再有就是教师再培训的问题。事实上，精熟学习法确实需要一套不同的技术和技能。它不仅需要资金，还需要教师和管理人员的主动性和灵活性。

然而，在很大程度上，扼杀精熟学习法的主要原因，似乎只是简单的惰性和对具有威胁性新思想的抵制。1989 年的一项研究报告得出的结论十分惊人：1893—1979 年，"（公立学校的）教学实践基本保持不变"（1979—2012 年也没有改变）！[2] 可以肯定的是，一些非常有创新精神的教师团体和学校一直在课堂上试验新技术，但主流教育模式并没有明显改变。难道没有人注意到世界发生了多大的变化，学生的教育需求也发生了很大的变化吗？

无论如何，精熟学习法的概念似乎在传统教育的巨大压力下被扼杀了。直到 20 世纪 60 年代，在发展心理学家本杰明·布鲁姆和他的学生詹姆斯·布洛克对精熟学习法的理念做出些许改变后，精熟学习法才重新进入人们的视野。[3] 布鲁姆和布洛克建议改进测试方法和反馈方式，而他们的基本原则直接来源于文纳特卡制度。学生们按照自己的节奏学习，只有在对前一个概念达到规定的掌握程度后，才能进入下一个概念的学习。而教师主要充当向导和导师，而不是讲师。同时他们鼓励同伴互动，同学之间的互相帮助不仅在学业上有益处，而且在性格培养方面也有助益。在这样的学习过程中，有些学生可能会觉得很吃力，但没有人放弃。

精熟学习法很快就被应用到全国各地的各种试点项目中。在一项又一项的研究中，与传统的课堂教学模式相比，精熟学习法总是能表现出压倒性优势。

一篇研究论文得出了这样的结论:"在各个层次的精熟学习项目中,学生的成绩都比那些接受传统教育的学生有所提高……无论是短期学习还是长期学习,学生通过精熟学习所学的知识都能保留得更长久。"[4]另一项研究发现,"精熟学习法减少了优等生和差等生之间的水平差距,同时还不会减慢优等生的学习速度"。[5]而另一项研究的关注点从学生转移到教师,发现"(使用)精熟学习法的教师……开始对教学以及作为教师的角色有了更好的认同感"。[6]

看到这些研究报告,你可能会认为精熟学习法将会得到长期应用。但事实并非如此。就像在20世纪20年代一样,这种方法在短暂流行了一段时间之后,就被传统课堂程序的死水给淹没了。和以前一样,部分是经济上的原因。印刷和分发所有的练习册、测试表格和个性化阅读材料都需要花钱。但资金并不是唯一的阻碍,学校管理人员和政府官员一次又一次地表示反对也是重要原因之一。改变是困难的,变化是可怕的。旧的方法也算管用,不是吗?既然我们还可以采用传统的讲授方式来教学,还可以沿用传统的教科书,为什么还要这么麻烦地去做出改变呢?因此,尽管事实已经证明了精熟学习法对学生和老师都有益处,但它依然没有逃过再一次被抛弃的命运。

让我们切换到现在。人性不会轻易改变，政府和学校似乎仍然对新思想和新方法有一种内在的抵触。各行各业的人仍然倾向于保护自己的地盘，有时甚至以牺牲更大的利益为代价。然而，如今的情况却与以往大不相同，教育改革比以往任何时候都更加紧迫，旧的教育制度令人失望，对它进行重构是当务之急。在这一点上，大家已经达成了广泛共识。

另一个与教育有关的重大因素也发生了巨大的改变，那就是科学技术，它从根本上降低了以前与精熟学习法相关的各项费用。它不再需要纸质练习册，不再需要印刷昂贵的个性化练习册。自主学习所需的一切资料都在电脑里，把这些资料送到学生手中的成本微乎其微。以前人们给出的借口是，新的教学方法太贵了，只适用于富裕社区的精英学校，如今这个借口已经不成立了。

在继续探讨其他问题之前，我还想谈一下与精熟学习法相关的另一个方面：精熟学习法与个人责任之间的关系。

学生、家庭、社区和国家应当为教育承担的责任无疑是当今的一个热点问题，政客们已经从各个角度进行了探讨和争论。然而，人们常常认为，承担责任在某种程度上是独立于学习本身的事情，责任可以放在家长和老师的肩上，但与学生个体无关。这两种想法都是错误的。为教育承担责任事实上就是在教书育人，对学习负责事实上就是在学习知识。从学生的角度来看，只有通过承担责任,才能真正进入学习状态。有关精熟学习法的研究已经清楚地证实了这一点。

在一项研究中,研究人员观察到,参加精熟学习课程的学生"对学习有更加积极的态度,对自身的学习能力也更加自信"。[7] 换句话说,他们更有可能对自己的教育负责。另一项研究也得出了类似的结论:"采用精熟学习法的学生对自己的学习更加负责。"[8]

我之所以强调这一点,是因为我认为传统的课堂模式不仅低估了个人责任的重要性,而且还阻碍了个人责任的发展。传统的课堂模式强迫学生被动学习,对课程和时间有严格的限制。学生本应自己选择如何学习以及学习什么,既然这种最基本的决定权都被剥夺了,他们当然有理由不完全投入到学习中或对学习的结果承担责任。

与其他教育理念一样,精熟学习法并不是我最早提出来的。精熟学习法这个概念本身以及支持其有效性的数据早就存在了。但正如我们将会看到的,可汗学院抓住机会,应用了精熟学习法的教学原则,并获得了前所未有的成功。

05
最有效的教学方式

学而不思则罔，思而不学则殆。
——孔子

让我们来思考一个基本问题：教育是如何发生的？

我认为教育是一个积极主动获取知识的过程，甚至是抢夺知识的过程。教师可以传递信息、提供帮助、激励学生——这些都是教育过程中重要而美好的事情。但事实上我们真正做的是自己在教育自己。我们的学习首先是从决定学习、承诺学习开始的。这种承诺反过来又能让我们集中注意力。集中注意力不仅与眼前的任务有关，还与围绕它的众多关联事物有关。这些过程都是积极的，非常个性化的，而且都涉及责任承担。教育不是凭空发生的，也不是发生在老师嘴唇和学生耳朵之间的空气中，而是发生在我们每个人的大脑中。

这并不是一种比喻，而是现实。诺贝尔奖得主、神经科学家埃里克·坎德尔在其影响深远的著作《追寻记忆的痕迹》(*In Search of Memory*) 中提出，学习实际上是构成我们大脑的单个神经细胞中发生的一系列变化。当一个特定的细胞参与学习过程时，它就会生长。这个过程几乎等同于一个人锻炼肌肉时发生的事情。不用太复杂的技术，一个"受过教育的"神经元实际上会发展出新的突触终端——它们是神经元与神经元之间传递信息的重要载体。活跃突触数量的增加能使神经细胞更有效地传递信息。当这个过程不断在大脑特定区域的神经通路中重复时，信息就被收集和存储起来了。当我们围绕一个概念，从不同的角度进行学习和研究时，我们就能建立起更多更深层次的联系。这种信息的连接和联系交织形成的网络，就构成了我们平常所说的"理解"。

从生理学的角度来看，学习意味着我们的大脑完成了一系列活动——消化信息，以新的方式建立起概念和已有知识之间的联系，这样我们的神经细胞就随之被改变了。

这种新的理解能在大脑中保持多久呢？这在某种程度上取决于最初学习时大脑的活跃程度。我想再次强调的是，学习涉及大脑的一系列生理变化。蛋白质被合成、突触增强，许多化学和物理反应在大脑中发生，这就是为什么思考会燃烧很多卡路里。学习过程中参与的神经元越多，记忆也就越主动、越持久。然而，大脑中的这些物理变化并不是永久性的。我们所认为的"遗忘"实际上是指学习过程中所获得的新的连接逐渐减弱甚至完全丧失。但对于"遗忘"，其实也没有我们想的那么糟糕。正如坎德尔和其他研究人员提到的，我们并没有失去所有新建立起来的连接。如果用体育锻炼来做类比，也许没有那么准确，但可以帮助我们理解这个过程：在停止体育锻炼一段时间后，你会失去一部分锻炼效果，但绝不是全部，锻炼过程本身所带来的益处依然部分存在。

这就是为什么第二次学习以前学过的东西会觉得更加容易，因为至少一些必要的神经通路已经存在了。这也是一种很好的激励，让你在一开始学习时就全力以赴，以便于尽可能持久地建立起神经之间的连接。

坎德尔和其他神经科学家的发现对我们的学习过程进行了详细的阐述。但不幸的是，标准的课堂模式往往忽视甚至公然违反这些基本的生物学真理，传统课堂强调被动而不是主动学习就是这一谬误的表现之一。另一个同样重要的问题是，传统的教育未能最大限度地提高大脑的联想学习能力——通过将新学到的知识与已经学会的知识联系起来，以获得更深层次的理解和更持久的记忆。下面我们来详细讨论联想学习。

我们的大脑有两种截然不同的记忆模式——短时记忆和长时记忆。短时记忆不仅转瞬即逝，而且非常脆弱，很容易因注意力不集中或被其他的事情打断而中断。举个简单的例子，我经常在洗澡的时候忘记我是否已经用过了洗发水。

虽然不是非常完美，但长时记忆相比于短时记忆要稳定和持久得多。短时记忆转变为长时记忆的过程叫作巩固。脑科学家们还没有确定巩固是如何在细胞水平上发生的，但这个过程的某些实际功能特征已经得到了很好的理解。坎德尔曾写道："为了让记忆持久，输入的信息必须被彻底而深入地处理，这需要大脑集中精力关注信息，并将其与记忆中已有的知识建立起有意义的、系统的联系。"

换句话说，如果我们能把一件事和我们已经知道的事情联系起来，就更容易理解和记住它。这就是为什么背诵一首诗比背诵一系列长度相等的无意义字符更容易。诗中的每个词都能与我们脑海中的画面或过去发生的事情相联系，加上我们还知晓诗的基本韵律，并理解诗与我们已有记忆之间的联系。即使这些只存在于潜意识里，我们也可以轻易地背出一首诗。我们不是在记忆单个的信息片段，而是在处理模式和逻辑链，这些模式和逻辑链使我们更容易看到事物的全貌。

这似乎是我们的大脑长时间保存知识的最佳方式。同时，这也意味着最有效的教学方式是强调前后课程之间的关联性，一个概念与下一个概念甚至跨学科概念之间的关联性。然而，不幸的是，标准化的课堂教学模式恰恰违背了这一原理。其中最为明显的一点就是人为地把传统学科分离开，将原本关联的知识随意切断。生物课教授遗传学，数学课教授概率论，尽管遗传学实际上是概率论的应用。物理学显然需要用到代数和微积分，但它完全独立于二者而成为一门单独的学科。化学与物理学也是两个相互独立的学科，但它们研究的现象中有很多是相同的，只是研究的视角不同而已。

所有这些划分都限制了人们的理解，并由此产生了对宇宙实际运作方式的理解偏差。告诉学生接触力（物理学概念）实际上是电子之间排斥力（化学概念）的一种表现，不是能更好地帮助他们理解吗？如果代数能够与日常生活联系起来，岂不更有趣吗？让学生计算出人体落水时腹部朝下撞击水面的速度，或者身处一颗质量是地球两倍的行星上的体重，难道不是更有趣吗？我们可以试想一下，如果让计算机科学这种不涉及价值判断的学科与像进化学这样受主观价值影响较大的学科进行融合，进行有趣的"交叉授粉"，从而激励学生通过编写计算机程序来模拟生态系统中的物种多样性和竞争关系，学生会从中学到什么？

一切皆有可能，但考虑到我们当前割裂的教育体系，这些可能性无法变为现实。即使在已经"瘦身"的小班教学中，授课内容也被分割成独立的章节，知识之间的相互联系也被切断了。例如，在学习代数时，学生被要求既要记住抛物线顶点的公式，又要记住二次方程，而在另一节课上，他们可能又要学习"完全平方"。事实上，这些公式或概念本质上拥有相同的数学逻辑，那为什么不能把它们放在一起，作为同一个概念的不同方面来进行教学呢？

我不是在吹毛求疵。我相信，这些概念的分解对学生学习的深入和记忆有着深远甚至至关重要的影响。正是概念之间的联系或者说缺乏联系，导致了学生之间的差异。有些学生为了考试而记忆公式，但下个月可能就会忘记这些公式；有些学生可以将概念内化，并在多年后需要的时候依然能够应用这些概念。

这种分割式的教学方法并不局限于数学和科学。类似的例子在人文学科中也很容易找到。举一个历史主题的例子，比如拿破仑战争和路易斯安那购地案就是两个密切相关的事件。路易斯安那州之所以以低价出售，只是因为拿破仑迫切需要为他在欧洲的陆地战争提供资金，而且他的海军在特拉法尔加海战中也被摧毁了（所以即使他想保留路易斯安那州，他也无法保护它）。但是孩子们都学了些什么？如果他们是美国人，他们往往被教导说托马斯·杰斐逊做了一笔非常划算的交易，但很少有背景故事来说明为什么美国人比拿破仑有更多的谈判筹码。这些片面的事实无法帮助学生准确理解这个世界的过去和现在是如何相互联系的。

我们错误地热衷于整齐划一的分类和教学模式，以适应给定的课堂时间长度。这样的分类和教学模式让学生无法意识到所学知识之间的联系，因此难以借助记忆的生理学特性并从中获益。传统的教学方法往往千篇一律——选取一门课程的一部分，把它当作存在于真空中的东西来对待。教师花上一周或数周的时间在课堂上讲解它，随后进行测试，然后进入下一个阶段的学习。难怪许多学生会说，他们在考试完后很快就会忘记一门科目。

他们当然会忘记了！首先，他们很可能被剥夺了记忆的优势，因为他们没有把最新学习的内容与之前记忆的知识或现有的生活经验联系起来。其次，有可能学生并没有充分认识到，掌握了这个知识点将会帮助他们更深入理解接下来要学习的内容。简而言之，一个给定的知识点就像礼物一样被密封好、包装好并系上了蝴蝶结——如果老师给出的信息是这个知识点已经学完了，为什么学生还要费心去记住它呢？

在逐渐发展我自己的教学方法的过程中，我的中心目标之一就是要扭转这种分裂的趋势。在我看来，没有一门学科是会学完的，没有一个概念是与其他概念完全割裂的。知识之间是相互连

接的，思维似水一样流动。

举个例子，可汗学院有一个工具，被称为"知识地图"。2006 年，我辅导的学生只有我的表弟表妹和一些朋友的孩子。我开始觉得很难追踪他们每一个人的学习进度，为此我为各种概念制作了一个大约 60 个问题的生成器。我在纸上画了类似图表的结构来说明哪些概念在前，哪些概念在后，然后编写了一个程序，将这些概念关联在一起，并通过程序自动给学生分配新的练习。当我完成第一次测试时，它看起来很酷，我想我的表弟表妹应该会非常高兴地看到系统中所有概念的"地图"。这个程序大受欢迎，并成了可汗学院平台的核心功能。"知识地图"强调知识之间的关联，以可视化的方式展示学习者已经学过的知识以及将来需要学习的知识。我们希望"知识地图"能够引导学生按照自己的步调学习，鼓励他们跟随自己的想象自主地选择向上、向下或向四周移动。

诚然，这是一条相当迂回的道路，它把我们重新带回到对个人学习负责的问题上。

既然学习关系到我们个人大脑的物理变化，知识和概念之间不是某种简单的线性关系，而是逐渐加深的网状结构，我们自然就能够得出结论：任何人所经历的教育过程都是不同的。

然而，这里有一点颇具讽刺意味。你或许可以设置统一的课程，但你不能把课程的学习过程标准化。没有完全相同的两个大脑，在庞大的知识网络中也没有完全相同的两条学习路径。即使是最严格的标准化考试，也只能显示出每个学生对某部分概念的大致掌握情况。每个人对学习的责任感也会因其对学习的不同认识而有所不同。

06
复习的方法

你想成为伟人吗？那就从一个普通人做起。你想建造一座巍峨的宫殿吗？那就从打下坚实的地基开始。宫殿越高，它的基础就必须越深。

——圣奥古斯丁

没有"完美"的学生。

任何学生都不太可能初次学习就能"掌握"所有新知识。事实上，我认识的大多数非常聪明的人都喜欢反复钻研基础知识，在这个过程中获得了对知识的更深理解，并充分意识到，对于他们所学的大部分内容，他们可能永远无法完全掌握。即使有人有潜力掌握所有知识，那他也必须有非凡的运气，除了优质资源和优秀的老师，他还需要没有因流感而在家休息，并且他的注意力和情绪控制始终保持着不可思议的高水平。在现实世界中，这是不可能发生的。每个学生，无论多么聪明、多么上进，都会在学习过程中时不时地遇到困难。每个学生——包括我的表妹娜迪娅——都会偶尔感到困惑。每个学生都会忘记一些东西，或者是由于错误的教学方法和人类能力的局限，无法掌握一些关键概念和理解知识点之间的联系。

这种较为复杂的现实引发了许多问题。这些不可避免的缺漏和误解能否被修复？如果有办法修复，是怎么做到的？是谁在承担着识别这些问题的责任，并投入时间和精力来纠正它们？

我坚信，学习上的缺漏是可以弥补的，而且如果将来想要掌握更高级的概念，就必须去弥补这些缺漏。一个知识点通常是由另一个知识点演化发展而来，一个知识点的核心概念往往是学习下一个知识点的基础。因此，对前一个知识点的不理解或误解会成为学习下一个知识点的绊脚石。

但这种不理解也并非一无是处。我们已经注意到，大脑在联想和关联的帮助下可以展现出最高的工作效率。当某种关联缺失时——例如，我们不理解简单除法是如何演变成多项式除法的——我们通常自己就可以找出问题的症结。

这说明了弥补缺漏和修正误解显而易见的方法：回过头来复习，直到对概念理解得足够深刻；如果还想做得更好，那就试着将这个概念应用到新的情境中。鉴于神经科学已经证实了第二次学习更容易，因此复习功课会相对轻松。此外，由于重复是学习的重要组成部分，是创造和加强神经通路的生理过程，因此对知识的复习会获得更深入的理解和更持久的记忆。

弥补缺漏和修正误解的方法很简单，但更为棘手的问题是，谁来负责找出缺漏，并对学过的内容进行审查，然后再想办法纠正它们呢？在一个标准化的课堂环境中，老师不太可能识别出每个学生学习中的缺漏。即使老师能做到，他也不可能为每个学生进行有针对性的复习，因为在课堂上根本没有足够的时间来做这些，尤其是在大部分时间都用来讲授的课堂上。更为重要的是，按照课程表的进度安排，此时必须进入下一个授课单元内容的学习了。

因此，按照这种模式，复习已学课程的重任最终落在了学生自己身上。但学生会履行这份责任吗？传统的授课模式很难做到这一点。学生所受的全部教育只教会了他们被动接受——坐着不动，接纳吸收，最后机械地反馈。现在你反过来要求学生完全主动，诊断自己的障碍，并积极地解决问题，这对习惯了被动接受的学生来说实在是太强人所难了。

即便学生愿意且有能力进行独自复习，他们能获得所需学习资料吗？如果这些内容出现在往年的教科书中，而这些教科书已经被退回或丢弃了呢？如果他们只知道需要查找的内容，但不知道去哪里找呢？显然，这个过程还存在诸多困难，这是与帮助学生实现自步学习的目标背道而驰的。

从原则上说，这个问题的解决方法很简单。解决方法由两个相互关联的部分组成。

首先，在学习过程的每一个阶段都应该鼓励学生积极主动地学习。他们不应只是被动接受，而应该探索事情的本质。这是一个需要反复灌输的极有价值的习惯，因为在现实社会中，没有人会告诉你该套用什么公式来解决问题。成功取决于用新颖和创造性的方法解决问题的能力。如果你仔细想想，让孩子们活跃起来只不过是让他们做回原来的自己。孩子们安静地坐上一个小时认真听讲符合他们的本性吗？不，孩子们天生就喜欢做事，忙着倒腾点什么，或玩耍，或与其他人互动。学生并非天生被动。他们在接受教育的过程中必须被动接受知识，并逐渐养成被动的习惯，这也许会让他们更容易管理，但却分散了他们的注意力，让他们很难全身心投入学习中。这种妥协可能有助于在拥挤的教室里维持秩序，但绝不意味着这是学习的最佳方式。

主动学习，即自步学习，意味着要给予学生学习的自由。而这正是互联网和个人电脑最擅长的事情。如果有人想在凌晨3点学习二次方程，完全没问题；如果有人觉得在咖啡馆或足球场边思考效果最好，那也没问题。难道我们没有遇到过除了上课期间，其他时间都看起来都很聪明敏捷的孩子吗？难道不知道有人喜欢早起有人喜欢晚睡吗？互联网教育的可移植性使学生能够按照自己的节奏学习，因此成了效率最高的学习方式。

这种自步学习方式可以让学生自己控制节奏：自己决定在什么时候、什么地方学习。同一个人在不同的时间学习或学习不同科目时，学习速度也会有所不同。但在传统教室里，只能由一个人，也就是老师来控制整个课堂的节奏。在这种单一步调下，学得快的学生很快就会感到无聊，并且会走神，他们为了打发时间而在课堂上做一些与学习无关的事情；学得慢的学生自然会被抛在后面。这个节奏只适合学习速度位于中游的那些学生。但所有学生都必须遵循这个步调。这是典型的一刀切的情形。

相比之下，自步学习适合每个学生，因为学习节奏是由他们自己设定的。如果一个给定的概念很容易掌握，学生就可以快速前进，如果一门课程掌握起来很难，学生就可以放慢节奏，或者在必要时复习一下。这种方式并不会让人因跟不上步调而尴尬，也不会拖慢全班的学习进度。

因此，可移植性和自步学习是积极主动、自我激励学习的必要辅助手段。然而，对一个学生来说，要想真正掌控自己的学习进度，还需要另一种资源：易于获得且持续不断的复习资料。这就是基于互联网的学习比传统教学更有优势的地方。那些已经学过的课程永远不会消失。打个比方，就是黑板永远不会被擦掉，书永远不会被扔掉或归还。学生有更大的动力去复习，因为他们确信可以在自己的电脑里找到他们想要的东西。更棒的是，软件会记得学生上次学习某项内容的时间，其后便会提醒学生按时复习。这就好比你在十二年级的时候，在走廊里遇到向你迎面走来的十一年级的生物老师，让你解释光合作用一样。

此外，基于互联网的学习的优势不仅在于可以复习特定的课程，而且有助于深入、持久地理解不同课程之间的关联。在互联网上，我们不再受制于教室，不会因为下课铃声响了就结束课程，也不会受制于国家规定的课程大纲。一个问题可以通过不同视角去理解，以多种方式来呈现，尽管这些理解源自不同的学科领域。

这种学习方式不仅让学生对知识有了更深层次的理解，还让学生体会到了学习的快乐，激发了他们的求知欲。培养求知欲应该是教育的终极目标，没能成功培养求知欲是我们现行教育制度最大的悲哀。

第二部分

传统教育的弊端

在传统教育模式中，抽象与实践、知识与技能存在着二元对立，一方面，社会普遍认为大学教育是学生进入职场的大门；另一方面，学术界又始终对技能教育持有偏见。如何让学生在掌握理论知识的同时习得技能，是我们如今面临的挑战和机遇。

01
质疑习俗

> 恶习源于无知和狭隘的教育,模仿和习俗则使其根深蒂固。
> ——玛丽·阿斯特尔

> 因循守旧会在方方面面阻碍人类的进步。
> ——约翰·斯图尔特·密尔

你已经习惯了约定俗成的东西。

习俗和制度似乎是不可避免且早已注定的,这种观念似乎是人性的一部分。这一认知虽然虚幻,但依旧会给人们日常遵循的习俗和制度带来源源不断的支撑力,即使后来人们能明显感受到它们不再发挥好的作用。这正是教育制度存在的问题,我们大多数人对此心知肚明。这个问题的答案已经很明显,以至于人们很难再考虑其他因素。习俗和制度与我们文化的各方面都有着复杂的联系,一个没有习俗和制度的世界会让人害怕。

如果我们怀有深入改革教育制度的愿景和希望,使教与学更好地适应当今社会的真实需要，那么我们所要做的一个重大改变，就是要明白教育并非一定要按照目前占主导地位的模式开展。教育模式是人为构建的，它会根据特定的方向或路径发生演变，当然其他演变的方向和路径也是行得通的。教育体系中有些我们认为不可违背的原则，比如一节课的时长、小学或高中的学习年限等，实际上在制定时是相当武断的，甚至是具有偶然性的。现在被认为是规范正统的东西，在过去可能是极具争议性甚至是激进的。

尽管如此，要想改变长久以来形成的观念和习惯显然并非易事。一方面，传统会限制我们的想象力；另一方面，我们的教育体系还与许多其他习俗和制度交织在一起。因此，教育制度的改革也会导致社会其他方面的改变。就短期看，这种变革必然会带来一定的恐慌和焦虑，但从长远看，我坚信教育改革一定会带来积极的影响。

在这里，我想用类比的方法来解释我们正面临的巨大挑战。对一些基本的东西，比如我们一日三餐的习惯，是生理因素要求我们每天必须吃早餐、午餐和晚餐？为什么不能吃两顿、四顿或五顿呢？你们看一些佛教僧侣每天就只在中午吃一顿饭。近期还有一些证据表明，隔日禁食可能也是一种健康的饮食选择。[1]

今天我们大多数人每天的体力劳动量比开创这一习俗的祖先

要少得多,那为什么我们大多数人仍然坚持一日三餐的习惯?答案很简单:因为我们已经习惯这样了,就像我们一直把孩子送到特定的学校,让他们在特定的教育模式下接受教育一样。这是一种我们认为理所当然的文化习惯。

此外,由于人类是群居生物,我们生活的很多方面与其他人都相互关联,一日三餐的习惯也与生活的方方面面密切相关。例如在工作日,公司会安排午餐时间。当地经济依赖于提供晚餐的餐馆、雇用员工、征收消费税等等。一家人坐在一起用餐的时间,通常也是家庭成员聚在一起、增进感情的美好时刻。

基于种种原因,改变一日三餐的习惯将是极其困难的事情。这种改变会带来巨大的影响,甚至整个职场的节奏都会发生改变。所有行业都将面临调整所带来的挑战,甚至连电视节目也会相应地发生变化。

正如我们的饮食习惯很难改变一样,我们的教育制度也是如此。

现行教育制度的持续和稳定是一些大型企业甚至是所有行业赖以生存的基础。其他社会机构,如大型出版商和考前辅导机构,也与它的运作息息相关。一种特定的教育方式意味着特定的教学目标和特定的考试形式。反过来,这些考试又对人才招聘和职业发展产生巨大影响。人性就是这样,那些在特定制度下成功的人往往会成为该制度的支持者。因此，当权者往往会倾向于维持现状。如此一来，我们的教育制度会一直延续下去，再加上它与我们文化的许多方面密切相关，这便导致教育改革举步维艰。

教育改革尽管很难，但并非不可能。在我看来，我们需要用一种全新的视角去重新审视有关教育的最基本的假设，摒弃之前认为理所当然的观念，专注于简单但关键的问题，知道哪些方式是有效的、哪些是无效的，并找出原因。为了达到这一目的，我们有必要审视西方标准化课堂模式的基本要素，打开尘封已久的教育史，回顾当今的教育体系是如何形成的。此外，我们也要意识到，目前围绕教育所展开的所有辩论和争议往往不是什么新的东西。自有教学活动以来，这些问题便吸引着充满激情和颇具教育情怀的人为之争论不休。

标准化教育模式的基本要素非常统一且死板：学生在早上七八点钟走进教学楼；在长达 40~60 分钟的时间里由教师主要负责讲、学生主要负责听；在课间学校会安排时间给学生吃午饭和进行体育锻炼；放学后，学生回家做作业。在这种标准化课程中，人类广阔而美丽的思想领域被人为分割成便于管理的模块，并被

称为"学科"。同样，原本行云流水、相互贯通的概念被划分成了一个个"课程单元"。学生们被"困"在了一种安于现状的教育环境中，这不禁让人联想到阿道斯·赫胥黎的作品《美丽新世界》中的情形。标准化的教育模式完全忽视了人与人之间奇妙的多样性和细微差别，而正是这些多样性和细微差别使得大家在智力、想象力和天赋方面表现得各不相同。

这就是当前教育的基本模式，其框架竟如此简单，却掩盖甚至否定了教学过程中本应无限复杂的内容。尽管当前的教育模式存在很多缺陷，但它相比其他潜在的教育模式有一个巨大优势，那就是它是现存且正在实行的，人们坚信教育必须依靠它来完成。

然而，只要简单回顾一下教育的发展历程，我们便不难发现，目前占主导地位的教育模式并不是不可避免或早就注定的。就像人类建立的所有其他制度一样，教育仅仅只是一项发明，一件需要在运行过程中不断完善的作品而已。它是特权阶级维护社会结构稳定的重要工具，在不同时期会反映出当时社会的政治、经济和科技状况。简言之，教育模式是不断发展和进步的，只是很多时候教育体制的改革并没有那么及时，往往以十年甚至整整一代人的时间为代价，导致一些不幸的年轻人没能得到应有的教育，从而无法拥有精彩的未来。

现在正是教育制度需要再次改变的时候。但我们如果想要更清楚地了解教育制度未来的走向，那么我们至少需要充分地了解过去的教育体制是怎样的。

让我们回到最初的问题，即：教育是如何开始的？

正如沃顿商学院的网络期刊《灯塔》上一位名叫埃兰·墨菲的教育家最近的一篇文章所指出的，最早的教学形式本质上是"照葫芦画瓢"。在文字出现之前，人类以狩猎为主，父母会通过亲自示范来教授子女生存技能，并尽可能地将游戏元素融入这个过程中。这种教学形式是其他动物教育幼崽方式的延伸。例如，狮子幼崽通过模仿父母的跟踪姿势和策略来学习狩猎，并将这种学习训练变成一种游戏。不管是对狮子还是对早期人类而言，教育都有着重要的地位。只有学会并掌握所需技能，人类才能够不断繁衍后代、壮大族群。在热带草原恶劣的环境中，那些精力不集中或没有学会技能的动物幼崽无法存活太久。失败就意味着死亡。

语言本身就是一种从根本上改变和扩充我们共享信息方式的技术。随着人类语言的发展，社会变得更加复杂和多元化，很多领域所需的知识和技能已经远超父母所能教授的范围。于是，不同形式的学徒制教育便应运而生。值得注意的是，学徒制教育的出现标志着人类历史上第一次将教育的主要职责从家庭转移出去。当然，这引发了一场关于父母与外部教育机构在儿童教育中各自角色的辩论，并且这场辩论从未平息。在没有家庭亲情纽带的情况下，学徒制教育首次明确了师傅和学徒之间的等级差别——师傅制定规则、传授知识，学徒遵守规则、学习知识。

然而，学徒制与被动吸收知识的教学方式存在很大不同。学徒制建立在主动学习的基础上，也就是在实践中学习，即学徒们观察并模仿师傅的技巧和策略。就这一点而言，学徒制是子女通过模仿父母行为来学习的逻辑延伸。

学徒制教育实际上是世界上最早的职业学校教育模式。在职业学校中，学生学习的是一门手艺，在某些情况下，这门手艺通常如艺术般高雅。在很多人心中，学徒制教育往往都与工匠有关，比如铁匠或木匠；但回顾历史，我们会发现学徒制教育是培养未来学者和艺术家的主要方式。事实上，今天的博士生项目就是学徒制，初级研究者（即在读博士）在教授的指导下开展研究并从中学习。住院医师项目同样也是学徒制。

学徒制教育总体上代表了一种实用的教育理念：教育应该具有实践性，其目的是帮助学生掌握谋生所需的技能和信息。这种教育方式在几千年前就出现了，而且被人们一直沿用至今。与之对立的另一种教育理念认为，教育就是寻求知识的过程，这个过程是崇高且值得追求的。

后一种理念的杰出代表是古希腊的雅典人。在对话录《高尔吉亚篇》中，柏拉图受到了他亦师亦友的哲人苏格拉底的启发，做出了这样的描述："放弃人们所向往的荣誉，我只为追求真理。"显然，这句话具有挑衅意味，批判了单纯追求教育实践性的行为。而亚里士多德在《形而上学》的开篇即断言："求知是人类的天性。"他没有说哪些技能可以满足市场需求，也没有说获得一份工作需要怎样的资格证书。他所谈的是为追求知识而学习，而这正是人类的自然属性。然而，从技师、工匠、医生等学徒制模式转变为为追求知识而学习，仍需要一个漫长的过程。

柏拉图和亚里士多德将学习作为深入探索真理的途径，这一点无疑是很吸引人的。事实上，这也正是我希望通过视频课程带给学生的观念。尽管如此，传统的希腊教育模式仍然存在一些严重问题。首先，它是精英教育，即只有地位很高的人才能进入学校——甚至比如今那些专属于精英的预科学校还要夸张。那些有时间聚在一起讨论真理的人是一群贵族，他们的家族拥有奴隶。这些学生根本不需要关心如何收割作物或编织衣物，甚至对那些真正需要依靠智力来完成的工作，他们也都不屑一顾。

这便导致了至今仍然存在的第二个更具破坏性的问题：一旦对真理的纯粹追求被认为是最高境界，那么仅具有实践价值的知识就会被人们忽视。实践性学习——能够真正帮助一个人完成好工作的学习，在某种程度上被认为是难登大雅之堂的。这种偏见甚至还影响了许多实践性学科，如金融学或统计学，这些学科需要高超的智力，同时也极具挑战性。

作为一个历史遗留问题，这种为了追求真理的学习与实用性的生存技能的学习之间一直存在的争议被文艺复兴时期的欧洲大学延续了下来，随后又影响到了早期的美国大学，并一直延续到19世纪。在此期间，大学成了那些不需要传统工作之人的专属地，这些人包括未来的神职人员、富家子弟，以及那些毕生致力于艺术和文学的人（通常会得到富裕家庭的资助）。那些需要非凡才智的职业，如法律和医学，也主要是在大学之外通过学徒制发展起来的（尽管在18世纪和19世纪，这些领域已经出现了一些学位课程）。直到19世纪末，法律学位才被美国的主流社会所认可。在当时，只有完成研究生课程的法学学生才有资格成为律师。[2]"大学文凭是任何职业的敲门砖"这一理念是在大约100年前诞生的，而"大学是每个人步入社会前的必经阶段"是在几十年前才出现的。

在此，我想明确说明我为什么谈到上述事实。我并不是说人们不应该上大学，相反，我的观点是：学生的职业目标与大学的教育目标之间存在着一个需要解决的深层次矛盾。一方面，社会普遍认为大学教育是学生进入职场的大门；而另一方面，学术界又始终对技能教育持有偏见。

显然，在如今的大学中，抽象与实践、知识与技能不能兼得的二元对立理念被延续了下来。为什么学校不能在教会学生技能的同时让他们获得理论知识，或者让学生在学习技能的过程中掌握理论知识呢？这正是我们如今面临的挑战和机遇。

———

让我们先来回顾一下相关历史。

除了语言，书面文字在知识的普及过程中也起到了至关重要的作用，使人类能够在大脑之外对知识进行储存和归档。书面文字的出现使得信息能够完整无损地代代相传，且使大量信息实现了标准化并得到了广泛传播（且传播者不需要记忆这些信息）。

书面文字的确让信息传播向前迈出了一大步，但它也带来了许多意想不到的后果。不论何时，每当有强大的新技术出现，就会增加那些有机会使用它与那些没有机会使用它的人之间的不平等。早期的书面文字——无论是写在古埃及的古本手卷上，还是在早期天主教会的羊皮纸书上——那些能够接触到它们并知道如何阅读的人能够从中获益，但那时候大多数人并不识字。因此，书面文字的出现非但没有消除以前的精英主义和阶级差异，反而在一段时期内加剧了这种差距。特权阶层可以获得更多的知识，也就拥有了更大的权力。

为了清楚地表明书籍在早期是多么的"特权"，只需要想想它们是如何制成的就行。它们会由书法很好的专业人士进行手工抄写。想一想，让你所在城镇受过教育的人花几年时间抄写《圣经》要花多少钱，你就会很清楚早期的书有多贵——用今天的话来说，这相当于一栋高档别墅的价格。所以你可以想象，那时候几乎没有人能接触到书籍，更不用说培养阅读能力了。

在这之后，最早的雕版印刷出现了：工匠熟练地在木块表面雕刻文字和图像，蘸上墨水，然后把它压在纸上。尽管这种方法比较先进，但书籍仍然很贵。当印刷品大量增加时，这实际上比手工复制文本更耗费人力。我们现在很难衡量七八百年前的东西的价格，但根据所涉及的劳动力数量来计算，单本书的成本与一辆豪华轿车的价格相当，所以在当时，只有那些富裕的家庭才能买得起书。

然而，1450年，在斯特拉斯堡（这个讲德语的小镇现在是法国的一部分）发生了一件极具历史意义的事情。一位名叫约翰内斯·谷登堡的52岁的铁匠发现他可以简化印刷文字的木块的制作。他发现每个字母块或"铅字"都可以用金属一次性制作，然后放在一起制作成一页，无须单独手工雕刻。随后，可以根据印刷需要将这些字母块进行重新排列。以前一个熟练的技工制作一个页面的字母块需要数周的时间，现在排字工人在几个小时内就可以完成，从而将劳动力成本降低了 90%~99%。与此同时，由于字母块是可以重复使用的，因此人们可以将更多的精力花在统一和精细化字母块的样式上了，随之字体也就出现了。此外，这些字母块是由金属而不是木材制成，所以使用寿命更长，印刷机也可以运行得更快。于是便有更多的人可以读到更多的书了（尽管当时谷登堡大规模印刷的第一部也是唯一一部著作——《谷登堡圣经》仍然很昂贵）。更重要的是，印刷行业的变革使得印刷并传播《圣经》和古典文学之外的著作成为可能。在印刷机问世大约 150 年后，世界上第一份现代报纸出现在了谷登堡所在的斯特拉斯堡，这绝非巧合。

当然，从非欧洲中心论的角度看，活字印刷术实际上最早是由中国人发明的，且比谷登堡要早几百年。但谷登堡是采用金属板雕刻的第一人，这与今天所使用的印刷工具非常相似。另外，与 11 世纪的中国和 13 世纪的韩国相比，活字印刷术在 15 世纪的欧洲引发了更多的变革。

到了 18 世纪，活字印刷术已经趋于完美，大大降低了书籍的成本。到了 19 世纪，我们现在所说的教科书已经被视为主流教育的重要组成部分。

从教育和政治方面来看，教科书的大规模发行也带来了新的问题和困难，这些问题和困难仍然是当今教育改革争论的焦点。

在书籍广泛发行之前，教学是没有统一标准的，教师以他们认为最好的方式将他们所知道的知识教授给学生。因此，每一位老师都是不同的。当一位老师以智慧、独创性或激动人心的演讲而闻名时（有时这些信息未必准确），学生就会蜂拥而至，以其为师。比如受人爱戴的乡村拉比（犹太教的学者）或牧师，被认为可以从他们身上学到其他地方学不到的知识。于是，他们的学生便接受了特定课堂所特有的教育，哪怕有时候教授的知识是错误的。

书籍的大规模印刷改变了这一状况，而这是教育史上很少被关注的一个方面。教师不再是知识的唯一来源和某一学科的绝对权威。在一位专家背后还会有另一位专家，就像老师一样成为知识的源泉。老师掌控着课堂，但教科书的作用却远远超过了老师。如果老师讲的内容和教科书的内容不一致怎么办？书本的合法性使其具有了裁决权。另一方面，教科书使教师能够让学生了解来自更广阔世界的最新思想。它们让学生能够按照自己的节奏学习并做好准备，以便在上课时能跟随老师的指引去深入理解知识。

更加显而易见的是，书籍的广泛使用开创了教育标准化的时代。身处异地的学生可能阅读的是同样的诗歌和谚语，学习的是同样的历史事件，了解的是同样的国王或将军的事迹，解答的是同样的算术问题，等等。

标准化本身并不是一件坏事。在这样一个日益复杂且相互联系的世界里，标准化是一种包容的手段，它提供了公平竞争的环境，至少有可能实现真正的英才教育。它还使得劣质教育更容易被识别，从而减轻其影响和危害。学生们也不会再被片面的观念或不准确的解释所误导。

然而，我们仍然面临一个问题，这个问题在教科书出现之初就产生了，并且一直延续到了当今的网络教育中：在不破坏教师独特作用的情形下，我们如何最有效地利用标准化的学习工具？

02
普鲁士教育体系

人性的伟大全在于其独立性。一个人如果没有表现出有别于他人的存在价值,那么他就无法被人铭记。

——詹姆斯·费尼莫尔·库柏

正如我们所看到的,古往今来的教育是在不同场所通过不同方式进行的。学徒们在师傅的工作室里通过实践来学习。古希腊人四处游学,或坐在橄榄树下交换观点,直到葡萄酒喝完。早期的大学将少数享有特权的人聚集在一起探求深奥的话题,这些人的教育是在家中完成的,且这些学生中的大多数都很富有或有足够的人脉,以至于在他们眼里,"工作"几乎是一个不登大雅之堂的词。

这让我们对高等教育的背景有了一些了解。但是,我们所知道的"小学"和"中学"(或现在经常提到的K-12教育)是何时何地出现的呢？我们认为理所当然的、受制于入学年龄和学制的正规教育，将一天划分为几个时段，将知识划分为多门学科的教育方式又是从哪里来的？是谁规定基础教育一定是由税收支持的义务教育？是谁规定大学生什么时候入学、修满多少学分可以毕业？又是谁规定了应该由国家来决定应该教什么内容以及谁可以当老师？

那些不在教育领域工作的人可能会惊讶地发现，所有这些当时看起来激进的教育创新，也就是现在我们熟知的 K-12 教育体系，是由 18 世纪的普鲁士人最先发明的。之所以会感到惊讶，是因为普鲁士人在我们的印象里总是留着呆板的胡须、戴着拘谨的帽子以及有着步调一致的僵硬行进方式，然而却是他们最先发明了如今的课堂教学模式。靠税收支持的义务教育不仅是一种教育手段，也是一种政治手段，其他任何方式都无法取代它。普鲁士人最初的想法并不是要培养独立的思想家，而是要培养忠诚且易于管理的公民，他们将学习服从包括父母、老师、教会在内的权威，并最终服从国王的价值观。普鲁士哲学家和政治理论家约翰·戈特利布·费希特是推动该教育体系发展的关键人物，他清晰地阐述了该教育体系的目的。他这样写道："如果你想影响一个人，你要做的不仅仅是和他说话，而是你必须去塑造他，让他只按照你的意愿去思考和行动。"

标准化课堂教育模式为政治思想灌输提供了无限的机会。其中一些学科是很直接且明显的，比如历史、社会学等学科的呈现方式。但也有通过其他更隐晦的方式来改变年轻人思想的。纽约州年度教师约翰·泰勒·盖托曾这样写道："整个系统是建立在这样一个前提下的，即那些无法了解到第一手信息的学生以及那些被灌输了抽象、碎片化信息的学生会表现得顺从和服从。出现这种将知识点分割成"学科"的教育方式并非偶然。"学生可以通过死记硬背来学会知识，然而要想更深层次地理解知识内涵，则需要天马行空和无拘无束的思维能力。

根据盖托的说法，类似情况还发生在"课时"这一概念中，他认为学生自我激励的学习动机会因不断的干扰而减弱。现在的正规教育限制学生探索规定课程之外的东西，也没有留给学生足够的时间去讨论不同的观点和不被大众认可的想法。当铃声响起时，学生们别无选择，只能中断对话，放弃更深入的探究，继续下一堂课的学习。按照正规教育体系的设计安排，课堂秩序胜过了学生的好奇心，教学管制优先于学生个人的主动性。

现在，我个人并不认为普鲁士教育制度纯粹是被设计成屈从于统治阶级意志的工具。它的很多方面在当时来说是极具创新性的，且是追求人人平等的。事实上，惠及所有人的、由税收支持的、强制性的公共教育体系这一概念本身就极具革命性。这种公共教育体系使数百万人跻身中产阶级，并在助力德国崛起成为工业强国的过程中发挥了不小的作用。在当时的技术条件下，要使人人都接受教育，最经济的方式可能就是普鲁士教育模式。然而，不论该制度的设计者是否有意为之，这种制度阻碍了学生进行更深入的探究，甚至扼杀了学生独立思考的能力。在 19 世纪，高水平的创造力和逻辑思维能力可能不如服从指挥、掌握基本技能那么重要，但在两百多年后的今天，创造力和逻辑思维能力已经远比后者重要。

在 19 世纪上半叶，美国几乎照搬了普鲁士的教育体系，这主要是受到当时马萨诸塞州教育部长霍瑞思·曼的影响，他希望为所有社会阶层的学生提供基础教育。在当时，他的这个想法是极具前瞻性的。就像在普鲁士一样，这一举措将大力助推中产阶级的构建，使他们有能力在蓬勃发展的工业部门中谋得一个工作岗位。然而，这一教育体系还存在一些教条化的东西，至于其到底会产生积极还是消极影响，也是仁者见仁、智者见智。虽然深入探讨当时的政治环境已经超过本书的范围，但可以肯定的是，在 19 世纪 40 年代，美国面临着如何将来自不同文化背景的大批移民进行"美国化"的问题，而如今美国同样面临这个问题。

到 1870 年，当时美国的 37 个州都有了公立学校，美国也成为世界上识字率最高的国家之一。[3] 在当时，尽管普鲁士教育模式的基本理念已经被各个州政府广泛采用，比如学生按年龄划分到不同的年级、课堂的教学时长固定，但在关于学生应该学什么、学习年限等方面，各州还没有形成统一的标准。

为了解决这个问题，美国全国教育协会在 1892 年成立了"十人委员会"。该委员会由 10 名教育工作者组成，主要是大学校长。委员会主席是时任哈佛大学校长的查尔斯·艾略特，委员会的职责是确定中小学校的教学内容和学习年限。最终，委员会决定：在美国，所有年龄在 6~18 岁的公民都应该接受 8 年的初等教育以及 4 年的中等教育。同时，他们还规定，学生在每个学年都要学习英语、数学和阅读科目，而化学和物理学科目在中等教育后期才需要学习。

十人委员会提出的教育体制中的绝大部分内容在当时是非常具有前瞻性的。例如，委员会认为每个学生都应该有一个公平的机会来看看自己是否对智力劳动感兴趣，并检验自己是否有能力胜任。在世界上的大部分地区，像三角函数、物理学或文学这样的学科都是为那些注定要进入这些职业的优秀学生保留的，即使今天也是如此；大部分学生在八年级左右开始学习纯职业课程。此外，我也很喜欢十人委员会对数学教育的看法，他们倡导的教育精神在今天的许多学校已经不复存在了。例如，关于几何学的学习，十人委员会提出了如下要求：

学生一旦掌握了严谨的逻辑推理方法，他就不再仅仅是被动接受知识。学生应该开始尝试自己构建几何图形，并在此之上进行推理分析。几何学不可能只通过阅读课本上的推演就能掌握，在初等数学的分支中，没有一个分支是靠纯粹的被动学习能学会的。如果被动学习持续的时间过长，可能导致学生彻底失去学习数学的兴趣，进而无法感受到数学之美。

换句话说，如果你想让学生真正学懂几何学，你不能只让他们听、读和重复，你必须让学生自己对这门学科进行探索。

尽管十人委员会制定的启蒙运动很有效果，但他们生活在一个没有州际高速公路、没有联邦储备系统，甚至没有电视的时代。当时的人类还没有发现基因的存在，也没有体验过热气球以外的航空旅行，更不用说电脑和互联网了。在过去的120年里，他们所构建的教育体系没有发生任何改变。如今，这种教育模式已经变成了一种束缚，极大地阻碍了包括最优秀教师和教育管理者在内的人的自主创新能力的发挥。

当前我们所采用的教育模式的弊端也在近期变得日益明显，这是因为今天的经济现状已经不再需要那些只有基本阅读能力、数学知识和人文素养的温顺守纪的工人阶层。当今社会需要的是一群富有创造力、充满好奇心并具有自我导向能力的终身学习者，他们有能力构思和实施新颖的想法。不幸的是，普鲁士教育模式的目标与这一社会需求恰恰是相反的。

———————

不可否认的是，关于教育体制的争议一直存在，只是过去没有党派政治的介入罢了。但有趣的是，近年来，我们以普鲁士教育体制为基础的公立学校受到了美国左右两翼势力的猛烈攻击。保守派的观点往往集中在所谓的政府剥夺了本应留给父母的选择和特权。正如作家谢尔登·里奇曼在他的《学校和州的分离：如何解放美国家庭》一书中所说的那样，"州政府普及教育表面上看是在行善，实际上暗藏玄机，目的是把所有的孩子都困在其牢笼里"。

而激进派的观点与保守派出奇地一致，只不过在左翼分子看来，罪魁祸首不是政府，而是那些从循规蹈矩、墨守成规的民众身上获益最多的企业。约翰·泰勒·盖托在2003年9月的《哈泼斯》杂志上发表了一篇文章，敦促我们"要清醒地认识到我们的学校到底扮演了怎样的角色。实际上，我们的学校就像一个年轻人思想实验室、一个培养企业社会所要求的习惯和态度的训练中心……也就是说，学校把孩子们培养成了员工和客户"。[4]

以上所述并不是要全盘否定我们目前的教育体制。我并不建议关闭学校，重新建立符合社会需求的新式学校。我的建议是，要始终对我们继承的教育规范和前提假设采取质疑的立场。我希望我在前文中已经表述清楚，这些规范是特定时代和环境的产物，是由具有天然缺陷和有限智慧的人类建立的，他们的动机往往很复杂。当然，这并不意味着我们的传统教育方法一无是处，毕竟，大多数上过学的人都能读会写，懂得一些基本的数学和科学知识，并能掌握一些实用的社交技能。从这一方面而言，学校是成功的。但是，如果我们不能越过这些最低要求，认识到教育制度的落后之处，以及思考为什么旧的规范和标准不再适用的原因，那么这将对我们自己和后代造成伤害。

03
瑞士奶酪式学习

正如我们前文谈到的,当前的教育体制将知识按学科进行划分,并进一步将这些学科划分为相互独立的单元。这种划分方式极易造成一种危险的错觉,即认为每个知识点是分散且毫无关联的。这是一个严重的问题,但这里还有一个更为基础的问题:知识点可能没有被完全覆盖。因为我们的学校是根据每个知识点的学习时间来决定学习进度,而不是根据学生对知识点的掌握程度来安排教学计划。当给定知识点的学习时间用完时,老师就会对学生进行测试,并开始进入下一个知识点的学习。

所以让我们来思考一下无法逃避的考试。考试及格率是多少？在大多数学校的大多数教室里，学生的及格率为 75% 或 80%，这是惯例。但如果你仔细想想就会发现，这样的分值体系后患无穷。知识点之间是相辅相成的，代数学习需要以算术为基础，三角函数源于几何学，而微积分和物理学需要以上所有知识。早期不牢固的理解将导致以后的彻底困惑。然而，对于 75 分或 80 分的考试成绩，我们却高高兴兴地给出了及格的评价。对许多老师来说，让这些边缘学生及格似乎是一种善意，或者可能仅仅是一种管理上的需要，但实际上，这是一种谎言和伤害。我们是在告诉学生，他们好像已经学会了应该掌握的知识，但事实上他们什么都没有学会。我们希望他们变得更加优秀，并且鼓励他们进入难度更高的下一单元学习，但实际上他们并没有做好准备。这样的教育方式为他们将来的失败埋下隐患。

请原谅我有这种悲观的观点，但 75 分意味着本该掌握的知识点中你有 1/4 的知识点完全没有掌握（假设考试内容涉及了所有知识点）。换句话说，你会乘坐一辆只有 3 个轮胎的汽车去长途旅行吗？再比如说，你会尝试在只打好 75% 或 80% 的地基上建造你梦想中的房子吗？

我们很容易就能判断出那些考试成绩刚刚及格的学生没有完全掌握本该学会的所有知识。但是我想进一步思考这个问题，我认为 95 分的考试成绩也不应该被认为足够优秀，因为这样的成绩也有可能导致学生在后面的学习中遇到困难。

我们可以这样想：95 分的考试成绩总是能获得 A，但这也意味着这个学生还有 5% 的重要知识点没有掌握。因此，当学生学习下一个知识点时，他或许会有 5% 的内容没有完全理解。更糟糕的是，许多不足之处都被考试掩盖了，因为这些考试已经被简化到学生可以在没有真正理解基本概念的情况下就能获得满分的成绩（他们只需要背好公式，在考试中套用就行）。

我们来做一个假设，让一名学生在没有掌握全部基础知识的前提下继续学习，如进入代数 2 或微积分等更高难度的课程进行学习。数学曾经一直"很好"的他，或许突然之间就无法理解课程内容了。无论他学得多努力，老师教得有多好，都无济于事。

也许有人会说，这怎么可能呢？他数学成绩一直是 A 啊，而且他一直在班上名列前茅。然而他却在新的课程学习中四处碰壁，为什么呢？答案就是，我们的学生一直是瑞士奶酪式学习的受害者。虽然从表面上看很扎实，但他所受到的实际教育却千疮百孔。

他不断进行考试，但考试缺乏严谨性，考试发现的任何缺陷都没有得到及时纠正。一直以来，他在缺乏深度的考试中得了 95 分甚至 100 分的分数，并因此获得了金色星星的奖励，这种奖励机制本身没有错。但在奖励的同时，老师也应该对他那 5% 的缺漏进行针对性的复习。复习之后还应该重新进行严格的考试，如果重新考试没有得到满分，则应该继续重复该过程。在完全掌握了知识点之后，这名学生应该尝试把这些知识点教给其他学生，这样他们自己就能有更深的理解。在进一步学习的过程中，学生应该通过不同角度和实际经验来不断地重新复习核心概念。这就是摆脱瑞士奶酪式学习的方法，毕竟，对代数这门课有深刻的理解非常重要，有深厚代数基础的学生会发现微积分很容易学。

然而在实践中，我们会发现传统的教学模式不允许为每个学生提供针对性的复习和补考，更无法让学生摆脱死记硬背的学习方式，通过开放式的、创造性的方式来理解知识。这也证明现有教育模式已经过时且不再满足社会需求。

由于瑞士奶酪式学习导致基础不牢固，过去学习成绩优异的好学生突然无法理解难度更高的课程内容，这种情况可以用"碰壁"来形容。这种现象其实很常见，我们都亲眼看到过，或者亲身体验过。这种感觉很糟糕，会让学生感到沮丧和无助。

让我们来看看学生在学习过程中通常会遇到瓶颈的科目，即使是之前成绩非常优秀的学生，在面对这些问题时也会不知所措。其中一个科目就是有机化学，这个学科已经把几届医学预科学生劝退了，他们都转到了英语专业。有机化学比大学一年级的普通化学更难吗？是的，这就是为什么它被安排在基础化学之后。但有机化学只是对大学一年级课程概念的延伸而已。如果你真正理解无机化学的内容，那么哪怕凭借直觉也能轻松掌握有机化学的知识。但是，如果没有牢固掌握基础知识，学习有机化学时就会感到吃力。不仅如此，学生还会觉得有机化学需要记住大量的化学反应方程式，这令人生畏且让人眼花缭乱，所以很多学生放弃了这种让人头脑发麻的科目，而另外一些学生则通过超人的努力坚持了下去。这个问题的关键就在于，学生并没有真正理解知识，只靠死记硬背，这样是没办法扫清学习中的障碍的，只是在把困难延后处理。

关于瑞士奶酪式学习危害的另一个更加生动的例子就是微积分，这可能是学生最常遭遇滑铁卢的科目。这并不是因为微积分本身很难，而是因为微积分是诸多先前知识的综合。它要求学生完全掌握代数和三角函数。与基础数学相比，利用微积分解决问题要简单得多，但除非你真正理解了这些基本概念，否则微积分对你来说毫无用处。微积分这门课，正是因为综合了各种基础知识才独具魅力，但与此同时，微积分也很容易暴露学生数学基础中薄弱的部分。在概念的逐个累积过程中，微积分是最有可能打破平衡的科目，它能反映出学生先前学习存在的漏洞，并有可能使其整个知识体系崩塌。

瑞士奶酪式学习的另一个危害也很常见，许多人，即使是那些受过顶尖教育且天资聪慧的人，都无法将他们在课堂上所学的知识与他们在实践中遇到的问题联系起来。这样的例子在日常生活中比比皆是，我想分享一个我作为对冲基金分析师的亲身经历。

我工作内容的一部分是与上市公司的首席执行官和首席财务官面谈，这样我就能对他们公司的业务有足够的了解，从而对公司的未来表现做出正确的预测。一天，我问一位首席财务官，为什么他公司的边际生产成本高于竞争对手（边际生产成本指的是在计入工厂的固定成本和其他企业间接费用之前，生产一件单位产品额外增加的费用。换句话说，它是一个小部件的劳动力成本和产品原料成本的总和）。这位首席财务官疑惑地看着我，好像我在窥探他们的商业机密一样。然后他对我说，关于边际成本的信息是商业机密，他不知道我是从哪里得到这个数据的。

我对他说，这个数据是他自己给我的。

他摸了摸下巴，不停地变换双腿的姿势。

我指出，公司的公开文件是两个不同时期的销售成本，以及销售单位数量的报告。因此，计算边际生产成本是一个简单的基础数学问题，具体来说，就是解决两个带有两个未知数的方程，这是一个典型的八年级代数题。

我讲这个故事不是为了让首席财务官难堪或批评他。他是一个非常聪明的的人，毕业于常春藤盟校，他的数学背景延伸到了微积分和其他领域。不过，很明显，他所受的教育似乎出了一些问题，少了些什么。显然，他学习代数是为了在考试中取得好成绩，而考试内容仅仅是这门课各单元学习中最重要的部分。假设考试集中在解决一些问题上，但这些问题变量在现实世界中没有任何意义，那么学习代数的意义在哪里？代数到底是关于什么的？代数能为我们做什么？这些最基本的问题似乎未曾探索过。

课堂上的内容无法与现实世界中的应用相结合，是我们现存教育模式的主要弊端之一，其原因在于我们习惯于快速学习知识，在仅仅理解一部分知识以后就宣称已经掌握了全部，实际上对知识的理解还非常浅显。大多数孩子从代数中学到了什么？让人悲哀的是，他们只记住了一堆 x 和 y，且只要将 x 和 y 代入死记硬背的公式，就可以得到答案。

但代数的力量和重要性并不能在试卷上的 x 和 y 中找到。代数的重要性和魅力在于，所有这些 x 和 y 可以代表无数不同的现象和想法。我用来计算上市公司生产成本的公式，也可以用来计算空间中粒子的动量。同样的方程既可以为抛射物的最佳路径建模，也可以为新产品的最优定价建模。计算遗传疾病患病概率的方法，同样也可以在橄榄球赛中用来判断是否应该在第四节发起第一次进攻。

当然，困难之处在于，要达到这种更深层次的、与现实世界相关联的理解，将占用大量宝贵的课堂时间，而这些时间已经被用来准备考试了。因此，大多数学生并没有把代数视为一种可以帮助他们探索世界的敏锐的、万能的工具，反而把它看作是一个需要跨越的障碍。代数变成了一门枯燥的科目，而不是一扇引领学生走向世界的大门。学生虽然学习了代数，但之后就把它扔在一旁了，以便为接下来的课程腾出更多的大脑空间。

04
考试结果的准确性

我们现有的课堂教学模式和考试已经存在了很长时间,但一直都没有接受检验,现在就让我们来看看它们所涉及的其他方面的问题。为此,我们首先要问一个非常基本的问题:考试所检验的到底是什么?

乍一看,这个问题似乎很简单、微不足道,但随着思考的深入,你会发现答案并没有那么显而易见。

考试没有检验到的东西都有哪些呢?

考试很少或根本不能反映出学生学习一门科目的潜力。它们仅仅反映了学生在某一阶段的学习情况罢了。既然我们已经看到学生的学习速度差别很大，而且学得快并不一定意味着理解得深入，那么将学生阶段性的学习情况记录下来又有什么意义呢？

考试并不能反映学生学到的知识能保留多长时间。我们来回忆一下大脑如何存储信息的内容。记忆涉及知识从短时记忆到长时记忆的有效转化。有些学生似乎有一种本领，可以在短期记忆中记住事实、数字和公式，但只要考试一结束，这些记忆就会立刻消失。而在那之后，学生还会记得多少呢？传统的考试无法体现出这一点。

同样，考试几乎无法告诉我们学生回答正确或错误的原因。举个特定的例子来说，如果学生答错，到底是因为他没有掌握某个重要的知识点，还是仅仅因为他在考试时太粗心呢？如果学生没能答完整张试卷，是他由于沮丧而放弃了，还是因为时间不够了呢？如果给他足够的时间，他又能做到什么程度呢？另一方面，一个正确的答案能反映学生的推理能力吗？正确答案是深刻理解知识点后做出的正确选择，还是学生靠直觉进行的主观判断？是学生死记硬背的结果，还是靠运气侥幸猜出来的？这些别的人通常是不可能知道的。

最后，考试本质上具有不完整性和选择性。假设一个特定的模块涵盖了从 A 到 G 的多个知识点，不管是故意设计的还是随机的，考试重点考察的是 B、D、F 这 3 个知识点。那些凭直觉或纯粹是运气好的学生，如果刚好着重复习了考试侧重的内容，那么这无疑会让他们取得较好的成绩，但这是否意味着他们对整个科目有了更好的掌握呢？显然，在传统的课堂教学模式中，我们没有办法知道这个问题的答案。

那么，回到我们最初的问题——考试到底检验了什么呢？似乎大部分人都可以肯定地说：考试检验的是学生对某个知识点的记忆水平和理解程度，而这仅能反映出学生在某一阶段的学习情况。考试的题目不同，考试的结果可能会存在很大的差别和随机性。

对于我们到底应该期望从考试中获取怎样的信息，上述陈述似乎很难令人满意，但我不得不说，这确实是考试数据所能反映出来的全部。当然，考试提供的信息可以而且应该得到改进。正如我们在后文将看到的，拓宽和深化从学生练习和考试结果中获取的信息，一直是我主张改进现行教育系统的核心。简单地说，我们对考试的过度依赖很大程度上是基于习惯，是我们自己一厢情愿的做法。

尽管如此，传统教育模式往往非常重视考试成绩，将其作为衡量学生先天能力或潜力的标准。不仅有标准化考试，还有没有统一标准的期末考试。这些考试的题目质量也参差不齐。这样的考试会导致非常严重的后果。当我们评定出 A、B、C 或 D 的成绩时，到底达到了什么样的效果？正如前文所述，考试没能做到的正是有效地评估学生的潜力。换句话说，我们所做的仅仅是给孩子贴上标签，把他们划分为不同等级，决定并限制了他们未来发展的潜力。

这个结果实际上与普鲁士课堂教育模式的设想是一致的。考试决定了谁能读完八年级并进入更高年级的学习，同时也会将不合格的学生淘汰。反过来，这将决定谁有资格从事更有声望和报酬更丰厚的职业，谁将一辈子从事地位卑微的体力劳动。早期工业社会需要大量地位较低的工人，毕竟，他们是靠双手和身体而不是大脑工作。普鲁士教育模式"跟踪"学生的方式确保了可以为社会供应足够的劳动力。此外，尽管考试过程存在缺陷和局限性，但仍被称为"科学的"且"客观的"，这就导致人们错误地认为这种考试体系是公平的。如果不考虑家庭环境、政治身份和聘请私人家庭教师等因素，人们很容易被蒙蔽，会将这种考试体系误认为是精英教育模式。

在这里我想澄清的是，我并不是反对考试。考试是一种非常有价值的诊断工具，用于识别学习差距和漏洞。精心设计的考试也可以反映出学生在特定的时间段对一个科目的掌握情况。然而重要的是，我们要记住，在解读学生的考试结果时，不管考试设计得多好，我们都要有坚定的怀疑态度。毕竟，考试只是人类思维构造出的并不完美的产物。

考试也会发生改变。如果这些变化可以完全归因于对教育方法更深刻的思考，那就再好不过了。然而在现实世界中，事情往往没那么简单。经济和政治因素以及奇怪的爱丽丝梦游仙境般的荒谬逻辑也会影响考试形式的变化。在某种程度上，考试形式的变化是为了让考试结果更接近于出题者的想法。

比如最近的一个有趣的例子是，纽约州聘请了一家新公司来重新设计面向数百万三年级到八年级学生的标准化考试方案。[5] 为什么政府要耗巨资做此调整？原因可能有两个，但这两个原因似乎是自相矛盾的。2009 年，旧的考试系统变得太容易预测，以至于学生和老师只专注于应试，而不是真正地实践教与学的过程。学生的考试成绩很高，但这样的成绩并没有实际意义。为了回应外界对其标准过于宽松的批评，纽约州评议委员会命令当时的考试公司提高考试难度。该公司不仅照办了，而且超出了预期，他们做的改变让学生成绩直线下降。这个例子想要说明什么是显而易见的。仅仅时隔一年，老师的教学水平并没有下降，学生智力也不会大幅下降。那么，这个案例中的考试到底是检验了学生的能力，还是仅仅反映了出题者的意愿呢？

显然，出题者没有交出满意的答卷，所以州政府解雇了他们，并聘请了另一家考试公司。这一次，州政府给了新的出题者一套极其具体的指导方针：考试题目不能太难，也不可以有意误导学生，比如"下面哪个词不能用来描述这篇文章的语言风格"，这是不允许的，类似原来考试中出现的选项"以上都不是"或"以上都是"，这些也是不允许的。评议委员会非常严谨，他们甚至还指定了考卷使用的字体以确保易读性。此外，他们还要求阅读样本应该"起到正面引导的作用并传达积极的信息"。我实在不能理解阅读材料所传递的积极因素与阅读能力的客观衡量标准之间有怎样的关系。不过显然，这一要求是出于政治目的，与教育毫无关系。

那么新的考题是否比旧的考题更可靠？我并不知道答案，而这才是问题的关键。评估一份试卷的质量并不简单，我们只有通过考试结果来检验。试卷的难度是合理且前后一致的吗？它们是否或多或少遵循了专家的想法，兼顾了政客们对学生成为什么样的人的期望？这些影响或许是间接的。但我想再次强调的是，我不否认考试的重要性，我当然也不是建议废除考试。不过，我想强调的是，我们应该对考试结果持怀疑和谨慎态度，永远都不能理所当然地认为考试结果是准确的且有意义的。

05
扼杀创造力

在我们这个政治上更敏感或者可能更伪善的时代，人们不会公开谈论大多数人的教育权利被剥夺的问题，以此来保证学校可以为社会供应大量顺从的体力劳动者。况且，当今社会对体力劳动者的需求已日益减少，对脑力劳动者的需求却与日俱增。尽管如此，我们的教育模式中考试以及评级体系实际上剥夺了许多学生发挥其全部潜力的机会。学生们过早地被贴上"好"或"差"的标签，而周围的人也会根据学生被贴上的标签采用相应的方式对待他们。

无论这个过程被称为"分类"还是使用更委婉、温和（也更不真实）的词语来形容，所导致的结果都是一样的。这是一个淘汰学生的过程，与学校本应该努力实现的目标恰恰相反。要想在这个竞争激烈、联系紧密的世界取得成功，我们需要集合每一个人的智慧；要想解决有关各国人民关系和地球健康的共同问题，我们需要发掘出人类所有的才华和想象力。但如今的教育模式在培养学生的早期过程中使一定比例的孩子被淘汰出局，让他们觉得自己可能不会对社会有任何贡献。这样做有什么意义呢？如果有些孩子大器晚成呢？那些碰巧因看待问题的方式与大多数人不同，为此在早期学校教育中成绩不佳的天才呢？这些孩子岂不是错过了宝贵的机会？

在谈到每个人的解题方式时，我们来稍微了解一下"差异性"概念。所谓差异性是不是创造力的另一种定义方式呢？在我看来，正是如此。不容乐观的事实是，我们目前的考试以及评价体系往往会筛掉那些有创造力、思维方式独特的人，而他们最有可能对某个领域做出重大贡献。

关于教育和创造力可以写成一本书：如何评估创造力、如何培养创造力以及创造力是否可以被教授。最为重要的是，创新的本质特征在于人们一眼就能发现其独特之处。创造力是一种以全新的方式看待事物，从零开始创造事物，提出前所未有的想法的能力。创造力在发挥作用时会超越科目和专业知识的限制。美国音乐家鲍勃·迪伦极具创造力，艾萨克·牛顿也是如此。现代艺术创始人巴勃罗·毕加索能够以前所未有的方式看待世界。理查德·费曼、玛丽·居里和史蒂夫·乔布斯也是如此。

这里有两个彼此关联的点我要说明一下。首先，在我们的学校里，创造力的重要性通常被严重低估，而且经常被排斥。其次，许多教育工作者根本没有把数学、科学和工程视为需要"创造性"的领域，这点在我看来简直就是一场灾难。

即使科技以日新月异的速度在改变我们的世界，许多人仍然认为数学和科学主要靠记住公式就可以学好，在考试中获得"正确答案"就够了。甚至连工程学这样的科目，都会被令人费解地误认为是一门机械的死记硬背的科目。事实上，工程学是以新颖且尚未经过证明的方法从零开始创造东西或将东西组合在一起的过程。坦白地说，只有那些从未真正学习过数学或科学的人才会对工程学产生误解，他们固执地站在所谓的人文科学或自然科学分水岭的一侧。事实上，数学、科学或工程学需要的是高水平的直觉和创造力。它们都是艺术，只不过是艺术的另一个名字，也是考试不善于识别或测量出的东西。考试检验的技能和知识只不过是学习这些科目时必须掌握的最基础的内容罢了。

举例来讲，想象一下，如果我们仅凭柔韧性或动作力度来评估一名舞蹈初学者，如果我们仅仅根据调色或准确画出他们所看到物体的能力来评判一名绘画初学者，如果我们仅仅通过对语法和词汇的掌握来评价一名志向远大的作家，那我们实际考查的是什么呢？我们最多只能检验出他们在相应领域内具有的基本素养以及具备的先决条件，这些对于他们在各自领域的实践而言是有帮助且必要的，但这些评估结果能否反映出他们具有成为真正艺术家、成为大师的潜力呢？当然不能。

科学、数学和工程学领域的情况也与此类似。当然，如果没有良好的基础知识，比如语法和词汇，你就不太可能在这些领域走得很远。但这并不意味着"表现优异"的学生，也就是那些能非常迅速地理解和掌握某个知识点，通常也是考试分数最高的学生，最终就一定能成为最杰出的科学家或工程师。这将取决于创造力、激情和原创性，而这些往往与考试背道而驰。

把考试作为筛选学生的理由的危险在于，我们可能会忽视或挫伤那些天才学生的积极性。这些孩子的想法往往标新立异，且通常源于直觉判断。当我们通过考试将这类学生淘汰时，实际上是将创造力扼杀在了摇篮之中。

回想一下我表妹娜迪娅和她失利的数学分班考试。娜迪娅是幸运的，她的父母很重视这个问题，并积极为她重新争取机会；她的学校也细心又负责地积极回应。如果当时的事态进展稍有差错，那么娜迪娅就会失去学习更高等级数学的机会。她会被贴上

"不太聪明的孩子"的标签，从而引发一系列的负面后果。她的自信心也会动摇，老师们对她的期望会降低。受本性的驱使，她的自我期望也可能会随之降低。从那以后，她可能不会遇到优秀的老师，因为那些有智慧、有激情的老师往往被安排去教授"快班"，而"学得慢"的孩子只能在"慢班"里。

这一切都是一个分班考试引发的，正是这样一场一个上午就结束的考试决定了一个12岁女孩未来的命运，甚至这个测试都没有达到检验的目的。这个考试的目的是检验学生在数学方面的学习潜力，即在未来学习过程中的可能表现。娜迪娅之所以成绩不佳，是因为她理解错了一个知识点。在高中二年级学过微积分之后，她轻松地通过了她上过的每一门数学课。娜迪娅的例子让我们质疑，分班考试的意义和可靠性在哪里？然而，我们至今仍然认为分班考试至关重要，它能对我们孩子的未来做出"客观"的决定。这种决定往往是不可逆的。

06
家庭作业

在我们当前混乱而有争议的教育状态下,相互矛盾的理念和难以撼动的观点很可能就任何一件事情掀起一场争论,无论这些理念或观点是否有确凿的证据或数据支持。最近关于家庭作业的争议吸引了我的注意力,一个看似温和的话题却引发了激烈争论,哪怕关于这个话题的讨论并非完整而全面。

《纽约时报》最近刊登的一篇文章以一段家庭故事开场:

有一天晚上,唐娜·库什拉尼斯的儿子在做二年级数学题,做到一半时,儿子突然放声大哭了一个多小时。于是她告诉儿子,不用做完所有作业了。

唐娜问儿子:"7+2 这个运算你到底要做多少次?"她表示:"我对做家庭作业没有意见,但这样的作业让我和儿子濒临崩溃。"[6]

碰巧的是,库什拉尼斯女士是新泽西州加洛韦郊区学校的一名秘书,她向学校负责人反映了她对二年级学生家庭作业负担的担忧。学校负责人向她保证,该学区已经在重新评估其家庭作业政策,并正在考虑新的指导方针,限制不同年级的孩子每晚做作业的时间,一年级学生每晚10分钟,二年级学生20分钟,以此类推。至少,这种方法看起来很合理并且很有规划,但是它的真实依据是什么呢?为什么教师和学校负责人有信心认为这是正确的作业量?

到底布置多少作业是合适的?这个问题似乎很简单,其实不然。因此,在我们继续讨论的时候,让我们先静静地思考一下这个问题。

新泽西州加洛韦地区正在进行的关于家庭作业的争论并非特例,它似乎概括了一场各地学校都正在面临的类似争论。有一群像唐娜这样的父母认为自己孩子受到过度和不健康的学业压力,同样也有另一群关心孩子的父母觉得自己孩子的教育强度不够,也不够严格。《泰晤士报》的文章引用了一位母亲的话："离开了电脑拼写检查，大部分孩子就无法拼写对单词，如果我们在他们小的时候就这样惯着他们，那么当他们没有电脑的时候会发生什么？"

一些加洛韦地区的家长声称，过多的家庭作业无疑让家庭变成了学校的"第二课堂"，不合理地抢占了孩子们本该用于玩耍、社交的时间。针对这种观点，一些成年人持反对意见。他们表达了有点过时但却真诚的观点："成长的一部分就是每天有很多作业。你应该说，我不能出去玩，因为我必须待在家里做作业。"

家庭作业的问题并非仅限于新泽西州郊区，在全美国甚至世界各地都是如此。有些人主张多做作业，有些人则主张少做作业，人们也开展了各种各样的试验项目来寻找答案。一些学校将家庭作业设为"选做"，一些学校对家庭作业设置了总量限制，这给老师们带来了麻烦，让他们难以把控作业量。一些学区则玩起了文字游戏，现在称课后作业为"目标作业"而不是"家庭作业"。还有一些学校禁止在周末或假期布置作业；一些学校则采取了有趣的措施，禁止在学生参加重大标准化考试前的晚上做家庭作业，似乎在传递这样的信息：学校并不关心学生在平常是否感到紧张和疲惫，而是学生能否在事关学校利益的考试中取得好成绩。

所有这些对家庭作业的焦虑和不确定性也不仅限于美国的学校。随着在全球范围内对考试成绩的比较，以及跨国申请大学甚至预科学校人数的空前高涨，焦虑和争论也开始具有了传染性。在加拿大多伦多，一项法令禁止给幼儿园留作业，学校在假期也不可以给年龄稍大一点的孩子留作业。这样的改变也波及菲律宾，该国教育部严禁学校在周末给学生布置作业，因为这样可以让孩子们充分享受他们的童年。

有趣的是，学生们自己似乎和他们的父母及老师一样，在家庭作业的数量和用途上存在巨大的分歧。《纽约时报》的教育博客"学习网络"邀请中学生对这个话题进行探讨。[7]不足为奇的是，大多数帖子都是在抱怨放学后还有太多作业要做。然而，即使考虑到一些青少年的夸大其词，有些评论虽然没有到令人心碎的程度，但也着实令人担忧。一名九年级女生写道："我下午四点回家，凌晨两点才完成作业。我们不能去吃饭，因为我的作业太多了。我不能和我的妈妈、爸爸或姐姐聊天。没错，我认为我有太多的家庭作业，但它们对我没有一点帮助。我只是抄写我看到的东西，并没有真正掌握这些知识，只是为了应付作业。家庭作业把我的生活变得一团糟。"

令人沮丧的是，学生评论中反复出现的一个话题是睡眠不足。一名七年级的学生说，她经常做作业到下半夜。简直太过分了！每晚只睡六七个小时是不健康的。"（根据国家睡眠基金会的研究，12 岁以下的儿童每晚应睡眠 10~11 个小时，青少年需要大约 9.25 个小时。）另一名中学生抱怨说："整整一年，我们的语文老师一直在剥夺我们的睡眠时间，每天只能睡 6 个小时，完全榨干了我们大脑中的创造性思维能力。"很难想象让一代孩子在梦游中度过他们的少年和青春期，这种教育模式的目的又是什么呢？

并非所有的学生受访者都要求减少家庭作业。有些学生要求质量更高的家庭作业——有挑战性的、有意义的作业，而不是为了让学生有事干而故意布置的作业。如果说这些学生表现出的主动性令人振奋，那么它也指出了我们传统的教师培训方式中一个鲜为人知的缺陷。一位名叫斯蒂芬·阿洛伊亚的研究人员在期刊上发表了一篇名为《家庭作业的教师评估》的文章，其中提到了一个令人惊讶的事实："大多数教师在教师培训期间并没有学习过专门针对如何布置家庭作业的课程。"[8] 老师们会参加编写教案的培训、指导课堂活动的技巧培训，但是并没有关于如何布置家庭作业的培训。家庭作业就像一块被遗忘的灰色地带，所有人都认为是学生的责任，与老师关系不大。《家庭作业之战》一书的作者哈里斯·库珀认为："在设计家庭作业时，大多数老师都是即兴发挥。"难怪家庭作业有时会被学生和家长视为无聊，而且是在浪费时间。

另一方面，当作业变得高要求且有意义时，至少有些学生会意识到这种差异。一名高三学生在《泰晤士报》博客中评论道："在我以前的学校，我的作业要多得多。在我的新的预科学校，我的作业变少了。区别在于：在现在的学校，我花在作业上的时间更多，因为作业更难了。在这个过程中，我觉得自己真正学到了一些知识，掌握了一些技能。"

那名同样抱怨每天熬到半夜的七年级学生也有同感："我们应该完成难度更高的作业，而不是更多的作业！"

———

显然，这个建议非常合理，为什么许多学校依然继续关注家庭作业的数量而不是质量？在某种程度上，原因很简单。数量很容易衡量，而质量是一个微妙的概念。让孩子带着四个小时的家庭作业回家，至少给人一种在学术上十分严谨的假象。

但更有趣的问题是，为什么我们会给孩子布置家庭作业呢？在对待家庭作业的态度上，人们像一个摇摆不定的钟摆，这个钟摆差不多已经持续运动了至少一个世纪。在20世纪初，家庭作业被认为是为了适应城市化和办公室工作的需求，主要用于训练学生的思维，使他们能够适应办公室职员每天重复的工作。所以当时家庭作业的重点是记忆训练、图像识别、语法规则，这些作业能够训练大脑但未必能拓展思维。到了20世纪20年代，即美国的进步时代，有人反对这一观点，死记硬背不再流行，取而代之的是创造性解决问题和自我表达。进入20世纪40年代，家庭作业一度完全过时，这可能是战争的原因。一批批年轻人被送去前线，有些最终战死沙场；不过这也让他们免受家庭作业的困扰，同时也让他们充分享受了童年时光。

20世纪50年代发生的一件事，至少在美国造成了一场民族自尊危机，也让我们对现有的教育模式和标准产生了怀疑。这一事件就是人造卫星的发射。苏联向太空发射了一颗卫星。他们在美国失败的地方取得了成功。他们赢得了一场竞赛，在这场竞赛中，两个国家都投入了大量资金和心理成本。

就实际结果而言，太空竞赛只不过给予了获胜方一个大肆宣传的机会。然而，在人造卫星的尴尬之后，有一件事似乎是非常清楚的：美国孩子落后了，需要做更多的自然科学作业。

回想起来，当时人们做出的反应以及由此产生的种种负面影响是有些疯狂的。同时，这件事也提供了一个生动的例子，说明成年人是如何将他们的焦虑投射到他们的孩子身上的。人造卫星难道是苏联孩子发射的吗？美国火箭坠毁在发射台上难道是美国孩子造成的吗？那些年的太空竞赛很大程度上是双方从二战后的德国和匈牙利继承来的科学家之间的竞赛，这和孩子们有什么关系？当时，苏联也将其国内生产总值的更大份额用于火箭和军事。不管怎样，正如广泛报道的那样，从9岁开始，苏联孩子所做的数学和科学作业是美国同龄孩子的两倍。[9]

显然，美国的国家声望（即美国民主政治的存续）取决于能否缩小美国学生与苏联学生的家庭作业的差距。在20世纪50年代末和60年代初，孩子们带着许多崭新的生物学和物理学教科书回家，用2号铅笔无穷无尽地做着入门代数、几何，特别是三角函数方面的题，因为这些对于计算导弹的运行轨迹非常有用。

不出所料，家庭作业的钟摆很快又摆了回来。到了20世纪60年代中期，家庭作业开始"被认为给学生带来了过大压力……学习理论再次质疑了家庭作业的价值，并指出其对心理健康可能产生有害影响。"[10]

然而，在下一次美国信心危机期间，家庭作业再次增加——这是20世纪80年代初日本经济崛起引发的担忧。和人造卫星一样，日本的成功引发了一场美国的全民性反思，尽管这种反思有时会让民众迷失方向。在哪些方面，日本人做对了而我们做错了？是协商合作的管理模式让他们成功的吗？还是严苛无情的职业道德？难道只是日本人更聪明吗？也许这和家庭作业有关！

然而，让人大跌眼镜的是，研究表明日本学生并没有比美国学生做更多的作业；事实上他们做得更少。这令人费解，但事实证明，在国际比较研究中，像日本这样作业少、成绩高的情况并非特例。

在国际考试中名列前茅的地区，比如韩国和中国台湾，确实是布置了很多家庭作业（中国大陆似乎也是这种情况，只不过我们难以拿到可靠的数据），但是其他得分同样高的国家（丹麦、捷克斯洛伐克以及日本）却只有很少的家庭作业。还有一些家庭作业繁重的国家，如希腊、泰国、伊朗，它们的学生考试成绩并不好。据报道，法国学生的考试成绩与美国学生大致相当，但法国中学生的家庭作业是美国学生的两倍。与此同时，早在千禧年到来之前，家庭作业的重量级冠军苏联已经解体。

如何理解这些自相矛盾又混乱的数据？作为一名工程师和对冲基金分析师，我认为唯一合乎逻辑的结论是：如果不考虑许多其他复杂因素，如文化差异、报告差异以及不同家庭内部的巨大差异，老师给学生布置作业的量根本无法反映出个人或国家未来的发展状况。

既然如此，为什么家长、老师和政策制定者继续纠结于不同年级的家庭作业量呢？我认为有两个原因：首先，很简单，家庭作业很容易引起争议。10分钟还是一个小时？与质量这样微妙的衡量标准相比，如果将其简化为时间问题，则更容易决定。然而，更深层次的原因是，人们之所以争论应该有多少家庭作业，是因为家庭作业本身似乎已经成为既定事实，它作为我们标准而陈旧的教育模式的一部分已根深蒂固，以至于对这个问题的调查从来没有抓住问题的本质。

那么，让我们回到最初的问题：布置多少作业是合适的？

答案是：没人知道。这要看情况而定。

如果这个答案看起来不能令人满意，甚至让人泄气，它实际上提供了一个非常有用的观点：我们不能给出有意义的答案的原因是我们问了错误的问题。我们应该问一些更基本的问题。不是应该有多少作业，而是为什么要有作业。

为什么某些教学任务要被安排在教室里，并严格遵循学校的时间限定，而有些任务则要带回家，占用学生个人时间以及他们与家人交流的时间？

为什么我们认为让老师在课堂上讲课、让孩子们回家独立完成作业的标准化教育方式能够最大程度地利用老师的技能？要知道，学生在家里做作业时，他们通常没有机会提问或获得帮助。考虑到完成既定课程的教学和满足政府的各项要求，老师通常不可能有足够的时间来审查或讨论家庭作业。那么，无法审查的家庭作业又有什么意义呢？

以上才是我们应该问的问题，这些问题让我们审视了长期以来被认为理所当然的教育习惯和假设，无疑对现存的教育体制提出了挑战。

让我们从一个看似简单的问题开始，它看起来有些啰唆，但揭示了一些关于家庭作业的矛盾和误解：为什么家庭作业被设计成在家里做？

不同的人会给出不同的答案。一些人认为这是为了培养学生的责任感和时间管理能力，另一些人则会说这样做是为了鼓励学生独立学习。这两种说法我都同意。

另一种观点认为，家庭作业是为了让父母参与到孩子的教育中来。理想场景直接来自 20 世纪 50 年代的电视（这个想法实际上更早），即让一个家庭的所有成员晚上围坐在一起；孩子苏茜和约翰尼会把课本打开放在餐桌上或客厅的地板上，而父亲则刚结束朝九晚五的工作回到家中，抽着烟，读着报纸，有充足的时间为孩子解答几乎所有科目的问题；而母亲，一天中的大部分时间都在家，用吸尘器打扫房间和烘焙饼干，可以为孩子们讲解父亲不擅长的问题。这样的理想家庭是否真的存在还有待商榷，无论如何，任何关心教育的人都不应该忽视让家庭参与孩子教育的好处。但是，正如我们看到的，其实有更好的方法来鼓励父母参与学习过程，特别是考虑到现在大部分家庭已经不再是双亲单薪这样简单的结构。

对许多家庭（即便不是大多数）来说，家庭成员聚集在一起的时间越来越少，聚在一起成了一件奢侈的事。妈妈们也加入了全职工作的队伍。父母每天花在工作和上下班通勤的时间更长了，有时还因公出差在外。孩子们面临着越来越多的干扰和所谓的社交媒体。具有讽刺意味的是，这种网络社交反而让人们之间的交流变得更少，大部分时间都花在了敲击键盘或手机按键上了。除此之外，随着教学模式的发展和更高级的科目进入 K-12 课程计划，真正有能力帮助孩子完成家庭作业的家长越来越少。

那么，一起做作业真的是家人团聚的最佳方式吗？研究表明，事实并非如此。密歇根大学进行的一项大型调查显示，提高成绩和减少问题行为的唯一最有力的预测因素不是花在家庭作业上的时间，而是家庭用餐的频率和持续时间。[11] 如果我们仔细想想，这个结论并不奇怪。当家人真正坐下来交谈时，当父母和孩子交换想法并真正表现出对彼此的兴趣时，孩子在这个过程中将收获价值观、内在动力和自尊心。简而言之，正是他们成长的这些特质和态度使他们成为热情且专注的学习者。这些比单纯的家庭作业更重要。

家庭作业还有另一个意想不到的副作用，因为它通常是被布置的，并要求家长能够对知识具有理解能力。传统的家庭作业造就了诸多不平等，在这方面，它直接违背了州政府公共教育的既定目标和教育公平宗旨。就父母可以帮助做作业而言，受过良好教育的父母显然有巨大的优势。即使是间接帮助，有藏书的家庭和知识分子组成的家庭也能为孩子提供良好的学习环境。富裕家庭的孩子不太可能需要在课余时间打工或做家务，而单亲家庭或父母超负荷工作的孩子则往往需要面对这些琐事。简而言之，家庭作业造成了一个不公平的竞争环境，从教育的角度来说，富者越富，穷者越穷。

考虑到以上弊端，为什么长期以来家庭作业一直都被认为是必需的呢？

我认为，答案并不在于家庭作业的优点，而在于课堂教学的明显缺陷。之所以需要家庭作业，是因为学生在校期间学得不够好。为什么学生在专门用来学习的时间里会学得不够好呢？因为广播式、一刀切式的授课形式——这是标准课堂模式的核心——被证明是一种极其低效的教与学方式。

07
翻转课堂

当我开始在 YouTube 上发布视频课程时，很明显，世界各地的许多学生在课余时间使用它们进行学习。更令人惊讶的是，我很快就收到了老师们的来信和评论。一些老师将视频作为一种辅助工具推荐给学生，而有些老师则正在通过它们来审视现有的教育模式。

这些老师发现，既然已经有了现成的视频课程，学生们可以按照自己的时间和进度通过视频来学习。所以老师们决定不再亲自讲课了，而是将稀缺的课堂时间用于为学生答疑解惑，也就是将家庭作业的一部分搬到课堂上，学生们只要在家观看视频完成学习的部分。这种教学模式一下子解决了两个问题。

正如我们所看到的，学生的学习速度各不相同。注意力持续时间往往在15分钟左右达到极限。与被动学习相比，主动学习能使神经通路活跃的时间更持久。然而，传统的课堂授课要求全班学生在50分钟或一小时内以相同的速度吸收信息，学生们静静地坐在椅子上，一言不发，很多学生会陷入迷茫或无聊，即使他们有一个很棒的讲师。

然后他们回家试图做作业，这又引发了一系列的担忧。通常，孩子们被要求独立完成作业。如果他们被一个问题卡住了，没有人可以为他们提供帮助。挫败感、睡眠不足开始接连出现。当再次回到课堂时，他们很可能已经忘记了前一天遇到的难题的确切性质。在整个过程中，学生对他们知识的掌握程度所获得的反馈是有限的。在单元考试之前，老师对学生的知识点理解程度也是一无所知。然而，等到单元考试结束后，学生理解上的差距将无法弥补，因为整个班级必须进行下一个主题的学习。

在这些老师使用的教学模式中，让学生在家听课，在课堂上做作业，学生在解决问题时，有老师和他们的同龄人在身边。这样，困难或理解错误就能在实际发生时得到及时解决。老师们无须再对学生进行枯燥冗长的授课，而是和需要帮助的学生一起学习。理解得更快的学生可以帮助那些遇到困难的学生。教师还可以与学生建立个人联系，并获得关于学生理解情况的真实反馈。具有讽刺意味的是，看似阻碍了人们交流的网络技术却在此时为传统的被动式课堂增添了更多互动的可能，让教学变得更加人性化。

在家中或者在公共汽车上、公园里，或者在课堂练习中穿插授课，学习效果会更好。与在教室里被动听课相比，这种独立、各取所需的学习更能调动学生学习的积极性。学生们决定他们需要看什么以及在什么时候看。必要时，他们可以暂停并重复观看，他们能够对自己的学习过程负责。学生可以回顾他们在同龄人面前不好意思提问的基本概念。如果当前主题直观、易理解，学生在掌握该主题后，可以学习难度更高的课程或出去玩和放松。父母也可以选择参与进来，成为孩子的学习伙伴。不论父母还是孩子都可以随时随地观看这些视频课程。

那些很少做传统家庭作业的学生怎么办呢？让他们在家看视频岂不是更困难吗？毕竟，现在他们没有任何具体的东西可以在第二天的课堂上展示。首先，我认为大多数学生无法完成作业的首要原因是挫折感。他们不理解这些知识点，也没有人在他们遇到困难的时候提供帮助和反馈。但是有些人可能会争辩说，有些学生就是因为缺乏动力或时间才不去做任何类型的作业。即使是这种情况，在我看来，错过课堂教学远比错过解决问题要好得多。

如果把视频课程比作肉汁，真正的学习大餐发生在与同学们和老师一起教学相长的过程中。

"翻转课堂"是指让学生按照自己的进度独自在家中听课，然后在课堂上解决问题。这个概念在可汗学院成立之前就已经存在了，所以这显然不是我的首创。不过，随着可汗学院视频库的流行，这一概念似乎已经进入了主流的教育理念。这种教育理念事实上是一把双刃剑。一方面，我认为翻转课堂是一种简单而实用的方式，让课堂对所有参与者都更具吸引力。另一方面，这只是普鲁士流水线教育模式的一种优化形式。虽然它使课堂时间更具互动性，课程讲授也更加独立，但翻转课堂仍然让学生以大致相同的速度按年龄分组进行学习，通过快照式的考试来给学生贴标签，而不是解决他们的薄弱知识点。正如我们将在本书后面看到的，技术现在给了我们机会，让我们可以走得更远，将学生的智力和创造力从普鲁士教育模式的束缚中完全解放出来。

08
教育的高成本与低效率

在结束对传统教育模式的批评之前,我想再简要地谈谈它的另一个奇怪且自相矛盾的地方:虽然我们现有的教育模式运行得并不太好,但人们却在其中投入了高昂的成本,耗费了大量的资源。

对于教育的实际成本有各种各样的计算方法。这些数字的计算方法常常受到不同意识形态的影响,因此应谨慎对待。不过我也发现了几组比较可靠、很难反驳的数字,让我们来看一下。在美国,2008—2009学年(这是我们能够获得的可供比较的最新数据),美国的公立中学里每个学生的平均教育费用为

10499美元。客观地看，这个数字比俄罗斯或巴西的人均GDP（国内生产总值）还要高。在教育成本最高的纽约州，人均教育成本为18126美元，超过了韩国和沙特阿拉伯等富裕国家的人均GDP。

现在，像所有参与教育辩论的人一样，我觉得与其将大量金钱花费在军事、农业或无用的基础设施建设等方面，还不如对教育进行投资。尽管如此，公共生活中某些领域的浪费并不能成为其他领域浪费的理由，而可悲的事实是，我们在教育上的花费有很大一部分就是浪费。我们花钱大手大脚，但花得并不明智。我们一直要求更"多"，却没有要求更"好"，这是因为即便教育质量变"好"，我们也很难直观感受到。

按照每名学生每年花费约10000美元计算，美国学校平均每个班级（25~30名学生）要花费25万~30万美元。这些钱都花到哪里了？按道理来说，大部分应该花在了老师身上，但事实并非如此。教师的工资占支出的比例并不大。如果我们慷慨地将教师的工资和福利定为每年10万美元（美国大部分地区的教师工资要低得多），维护一个1000平方英尺（约93平方米）的教室的成本定为每年3万美元（这个数字相当于租赁高端办公室的年租金），我们仍然有12万~17万美元用于其他投资，这包括很多内容，像高薪的管理人员、保安和修剪整齐的足球场，但这些对学生的学习都没有直接的作用。

显然，如果政府官员可以挪出一部分教学资金，如果相关单位在做教育支出决定的时候可以更加深思熟虑而不是沿袭传统，那么教师的薪资应该会得到大幅提升。如果学校负责人和董事会做出了毫无成效的选择，那这并不是老师的错。尽管如此，在我们关于教育辩论的大部分时间里，教师受到的批评往往是不公平的，或者至少与他们在教育资金和资源不合理利用中所扮演的角色是不相称的。

为了真正解决这些问题，我们不能只关注那些边缘性问题，比如让孩子们多上一天学，以此来提升教师的报酬。我们不能只关注师生比这类的事情。在改变教育成本和标准化课堂教学模式之前，我们应该对教育的一些基本假设提出质疑。

比如，师生比的确很重要。显然，每个老师面对的学生越少，每个学生得到的关注就越多。但是学生和老师的交流质量不是更重要吗？如果我参加了一个只有8人的研讨会，但在那里我并未与老师进行有意义的互动，那么我也得不到任何收获；如果我在一个30人的教室里上课，老师会时不时花几分钟时间和我交流并给予指导，那岂不是更有效果？

增加学生与教师交流的时间不一定要花更多的钱，我们要做的是重新审视我们现有的课堂教学模式。如果我们能够摒弃传统的传授式教育，那么每名学生可以得到更多来自老师的关注，优秀的教师将可以在如何帮助孩子学习方面多下功夫。

让我们暂且把焦点从公立学校转移到私立学校。如果说美国和其他富裕国家花在公共教育上的资金是一种必要的奢侈，那么花在精英私立学校上的资金就可以说是天文数字了。送一个孩子去顶级的走读学校一年要花费大约 4 万美元（也就是说，一个 10~20 人的班级一年大约要花费 40 万 ~80 万美元）。寄宿制学校的收费可能超过 6 万美元。面对激烈的竞争，学费通常只是富裕家庭教育投资的开始。在学校的学习结束后，家长会为孩子安排私人教师，有时每小时收费高达 500 美元。[12] 除学费外，家长每年在孩子辅导上花费六位数的钱也不足为奇。如今的辅导远不止标准的 SAT 考试（美国高考），有时还会针对特定私立学校进行特定课程的定制。尽管其他行业的就业市场并不景气，但高端课后辅导行业却发展迅猛。

但是有个好消息。如果说在私立教育上疯狂的花费是不健康、不可持续的，那就说明这是完全没有必要的。首先，大多数私立学校相对于迎合类似学生群体的公立学校来说，在成绩上并没有显现明显的差别。其次，严谨、高质量和个性化的教育可以花很少的钱就能办到。接受这种个性化教育不一定是最富裕国家中最富裕家庭的特权，这种教育可以也应该惠及每一个人。

实现这个目标离不开对科学技术的高效利用。我想强调的是运用这些科学技术的方式，即如何达到"高效"。很明显，我相信科学技术赋能的教学和学习是我们实现未来负担得起的公平教育的最好机会，关键是如何使用技术。仅仅在教室里放一堆电脑和电子白板是远远不够的，我们应该将技术整合进我们的教学中，但如果整合没有现实意义、缺少想象力，那么它只能沦为昂贵的摆设。

应该指出的是，其他教育工作者和我一样，对快速但肤浅地运用新的课堂技术持怀疑态度。杜克大学教授凯茜·戴维森写道："如果我们只是改变了教学中运用的技术，却没有改变学生的学习方式，那么我们实际上是在挥霍钱财。只有改变了课堂的教学模式，平板电脑才能真正成为有效的教学工具。此外，教学目标、教学方法、教学目的和评价标准都应该得到改变。"[13]

让我们思考一下这些方法和评价指标。在我们的传统课堂上，占主导地位的方法仍然是传授式教学；在我们的公开辩论中，最常被引用的指标之一是班级规模。但是它们之间是没有关联的。如果老师的主要工作是讲课，那么教室里有多少学生又有什么关系呢？无论班级规模如何，当孩子们被动地坐着记笔记，而老师的大部分时间和精力都花在教案、阅卷和文书工作上时，教学又能实现多大程度的个性化呢？

技术能将教师从那些机械的杂务中解放出来，这样他们就有更多的时间与学生交流互动。在许多标准化的课堂上，迫于教学任务的压力，如果老师们能抽出10%或20%的课堂时间与学生们进行面对面、一对一的交谈和倾听就已经非常好了。想象一下，如果这个占比达到课堂时间的90%或100%，会发生什么？学生与教师交流的时间将增加5~10倍，而这才是我们应该关心的指标。

这一切听起来像乌托邦吗？纯粹是不切实际的理论吗？都不是。事实上，这种自由的教学方式已经在现实世界中得到应用。在本书的下一部分，我们将看到这种教学方式是如何诞生的，又是如何被搬上教育舞台并发挥作用的。

第三部分

可汗学院创新教育的实践经验

可汗学院打破了传统教育"一刀切"的模式,以自主学习、精熟学习为主要方法,打造一个全年龄段的、以学以致用为目的的教育体系。这从根本上改变了学生,让那些原来对学业漠不关心的学生突然开始承担责任,让曾经懒散懈怠的学生变得刻苦努力。

01
改进教学方法

如果抱怨现状很容易,那么对事物发展应然状态的理论探讨也不会很难。学术论文层出不穷,提出了这样或那样的观点——有人提出设置更多的评分等级,有人则极力反对;有人提出增加考试频次,有人则认为需要减少。教育领域和其他行业一样,都有其时尚和趋势。从正面看,这些趋势有时确实为真正的创新指明了方向。但有时,这些方法却被证明是"一刀切"的死胡同,既浪费金钱,又浪费时间。

举一个例子,有一种假设,认为每个人都有不同的"学习风格"。大约 30 年前,有人提出,有些人是"语言型"的学习者,而另一些人是"视觉型"的学习者。乍一看，这似乎很合理。毕竟，有些人似乎更善于记住名字，而不是面孔，反之亦然。对于一个新设备用户手册，有些人会阅读文本，而另一些人则会直接去看图表，这就是语言学习和视觉学习。这种看似常识性的观察结果得到了人们的青睐，从而"在研究人员、教育工作者和普通公众中创造了一个繁荣的商业市场"。[1] 就像目前市面上针对每种所谓的学习风格都设计了单独的练习，甚至是教科书，一些机构也印制了新的教师指南，并向愿意购买的学区出售。目前来看，已经有多达 71 种不同学习风格。

"学习风格"理论存在两个问题。第一，它确实站不住脚。2009 年，《公共利益中的心理科学》杂志发表了一份报告，对赞成人们有不同学习风格的主要研究进行了回顾。报告指出，绝大多数研究都没有达到科学有效的最低标准。少数看似有效的研究——严格检验了按照人们所谓的学习风格进行教学是否真的能提高学习成绩——得出的结果似乎与这一理论相矛盾。根据"学习风格"进行教学并没有明显的效果。

第二个问题是，鉴于设计研究课题、收集足够的数据、分析数据和公布结果等工作的繁杂性，我们花了 30 年的时间才发现这个问题。谁又能知道在这 30 年的试验中教师和学生浪费了多少金钱和时间。

尽管 30 年看起来过于漫长，但在尝试新方法时，一定程度的时间滞后是难以避免的。最起码，当一种看似有前景的学习理论出现时——特别是当它宣称是一种普适理论时，我们应该保持谨慎态度。人脑是如此复杂，我们决不能武断地认为某种方法对所有人都是最佳选择。

在医学领域，药物发明者通常给一组患者提供某种真正的药物，而另一组则提供糖丸，即安慰剂，来检验药物的作用。经过几个月或几年的观察，组织者可以评估实验组与对照组相比，是否在健康状况上有了统计学上的显著改善。如果确实发生了改善，我们可以推断这种药物很可能适合与实验组相似的患者。但我们不能断定这种药物对所有人群都同样有效，更不应该认为它对患有不同疾病的患者都有疗效。

然而，在教育等领域，夸大其词的风险一直存在。

假设我想找出制作教学素材的最佳方法，如制作科学视频，我认为呈现学生与教师之间的对话会比教师一个人讲授的视频更有效。我以牛顿定律为例制作了两套视频，然后我随机分配学生观看其中一组视频并对他们进行评估。如果我发现观看对话版视频的学生的表现明显更好，这种差异足以说明这种现象不是偶然的。因此我发表了一篇题为《基于视频的科学课程中，对话比单纯讲授更有效》的论文。

这样一概而论的判断合适吗？假设两段视频中出现的是同一位教授，他更擅长对话而不是传统授课，也许换一位讲授型风格的教授效果会更好。也可能有另外一种情况，这位教授在这两段视频中都表现平平，但对话视频中却有一位善于提问和总结的学生，也许让这个学生做纯粹的讲座会更好，因为他们不受教授的约束。再或者其他情况，比如主题变为相对论，或者讲座视频不显示教授的脸，或者使用不同类型的评估方式，也许结果会有所不同。

问题的关键在于，从这个实验中可以得出的唯一负责任的结论是，在特定的主题和特定的评估中，碰巧以对话方式制作的特定视频比以演讲方式制作的特定视频表现更好。至于是否所有的科普视频都应该采用对话式风格，实验并没有给出任何结论。

现在，如果你对我所说的一切都持怀疑态度，你应该会有一个想法：萨尔曼在这本书中一直在讨论改进教育的方法，而现在他却认为笼统地说哪种方法可以促进所有教育的最优化是不负责任的。我主张的是一套特定的做法，不是一种普遍的理论，这套做法已经在许多学生身上显现出效果，并且可以在其他学生身上进行测试和改进。

我并不是说"科学"已经证明任何自定进度的视频和练习

再加上课堂活动，都会比任何300人的大教室讲课更好，我认为这种说法是完全错误的。我想说的是尽管我们还处于这一旅程的初期，但我们已经看到了令人信服的证据（包括传闻和统计数据），也就是使用特定类型视频和软件进行的练习似乎与特定的学生和教师产生了共鸣。我真的不知道这是否是与每个学生互动的最佳方式。老实说，可能有些学生在更被动的普鲁士模式下会做得更好。我要做的是利用我的能力和数据，反复改进和测试特定的内容和软件，使其对尽可能多的人发挥成效。

  我的人生哲学是做有意义的事，而不是试图用伪科学来证实教条主义的偏见。这种观点建立在使用数据来迭代完善教育体验的基础上，而不是试图对复杂得难以想象的人类思维方式做出过于笼统的陈述。在某些情境下使用基于视频的讲座，在其他情况下尽可能使用现场对话；在适当的时候使用项目式教学，在适当的时候使用传统的基于问题的学习。既要关注学生需要通过评估向世界证明的东西，也要关注学生在现实世界中真正需要知道的东西；既要关注纯粹和发人深省的内容，也要关注实用的内容。为什么要局限于其中之一呢？过去是没有足够的时间来做这两件事，但得益于技术的进步，这种借口已经不再适用。教育也不需要受任何教条理论的束缚。由于我们每天都可以获得数百万学生的数据,我们现在可以制订比以往更加具体和个性化的教学方案。

这不是一种理论,也没有规定未来教育的发展方向。它只是在现实世界中正在发生的事情。

02

可汗学院

让时间回溯到 2004 年，我们一起重温一下事情的前因后果。那时我还在对冲基金工作，可汗学院以及那些已经成为其标志的 YouTube 视频还远在未来。我当时只是一个通过电话进行私人辅导的家庭教师。

从一开始我就感到困扰甚至震惊，因为我意识到尽管我的大多数辅导对象都是积极上进的好学生，但他们很多学科（尤其是数学）的核心知识掌握得非常不牢固。例如，他们知道素数的概念（一个只能被它本身和 1 整除的数），却无法清楚说出素数和最小公倍数的关系。简单来说，学生们掌握了一些公式和具体知识，但却没有很好地理解这些知识间的内在联系。造成这一问题的原因，可能在于教师上课时讲授太快、内容太浅，甚至当前教学方式没有很好地对相关概念进行有效的单元划分。因此，学生们在数学课上只是学到了一些术语和方法，并没有真正深入地理解数学。

正因如此，到了我的一对一辅导课上，这种一知半解的后果很快就显现出来了。他们回答问题时经常犹豫，甚至有时候完全是在猜测。在我看来，这种缺乏自信的情况有两个原因。首先，学生们还没真正理解核心概念的内涵，因此他们很难确定到底问的是什么，或者应该使用哪种概念工具来解决问题。打个粗略的比方，老师在两节不同的课上教学生如何使用锤子和螺丝刀，当告诉他们锤击时，他们就会锤击；告诉他们拧螺丝，他们就会使用螺丝刀；但假如告诉他们搭一个架子，他们就一筹莫展了，尽管这只是前面已经习得知识的组合。

第二个问题就是自信问题。学生们之所以犹豫，是因为他们知道自己并未真正掌握所需的知识。当然，这不是他们的错，他们以前所受的教育都是瑞士奶酪式的，这使得他们的基础不够扎实。在现场辅导课上，这些核心理解上的缺陷成了令人头疼的问题。我想，这个过程对学生来说也是十分痛苦的。"好，现在请你告诉我还有什么不理解的。"

因此，为了用省时高效的方法帮助我的学生弥补不足，我编写了一些非常简单的软件来生成数学问题。这个早期的软件非常简单，它只是随机生成一些问题，内容涉及负数的加减法或简单的指数运算等。学生们可以根据自己的需要尽可能多地解答这些问题，直到他们觉得掌握了某个概念。

但是，这种原始的问题生成软件仍有许多问题。我的学生可以根据意愿选择做多少个练习题，但我却无法了解学生做题的过程。因此，我添加了一个数据库，用以跟踪每个学生做对或做错的情况，以及他们解答题目的时间，甚至每天总的学习时间。起初，我认为这只是一种方便高效的记录方式，直到后来我才逐渐意识到这一反馈系统的全部潜能。通过扩大和改进反馈，我不仅可以了解学生在学什么，还可以了解他们是如何学习的。就实际应用效果而言，这个软件变得越来越重要，这着实让我感到震惊。

例如，学生是在做对的问题上花的时间多，还是在做错的问题上花的时间多？他们是按部就班地一步步慢慢"磨"出了解题思路，还是恰巧猜到了答案（通过模式识别）？这些错误是粗心大意造成的，还是没有做好逻辑推理的结果？当学生真正"理解"一个概念时，会发生什么？这种理解是通过重复练习逐渐领悟的，还是在突然间顿悟的？当学生做了一堆关于一个概念的问题，而不是聚焦多个概念的大杂烩时，又会发生什么？

在与我的这一小群学生一起学习的过程中，我沉醉于这些能够揭示学习过程的数据变化。正如我们将要看到的，这些积累起来的数据随着时间的推移将成为教师、管理者和教育研究者的宝贵资源。

与此同时，我还有更迫切需要解决的问题。随着学生人数的增加，我面临着和数以百万计教师同样的问题——如何开展个性化教学。如何管理二三十名学生，让他们在不同年级学习不同科目，而且每个人都能按照自己的节奏学习？如何跟踪了解谁需要什么，谁已经做好学习更具挑战性内容的准备？

幸运的是，这种信息管理正是计算机所擅长的。因此，改良软件的下一步是设计一个关于概念的层次结构或网络——"知识地图"，基于此系统就能为学生的学习提供建议。例如，一旦学生掌握了分数的加减法，他们就可以继续学习简单的线性方程。有了软件来布置"作业"，我就可以腾出时间来做一些人文关怀的工作——实际的指导和辅导。

但这也提出了一个关键问题：我怎样才能确定学生何时可以进入下一个概念的学习？如何确定某个概念被"掌握"了？事实证明，这既是一个哲学问题，也是一个现实问题。

一种方式是看答题正确率，大多数考试都将其定义为"及格"，但这种做法让人感觉不妥。在传统课堂上，学生答对 70%

即可及格，这意味着几乎有 1/3 的内容他们都不知道。我当然也可以将及格分数线提高到 80%、85% 或 90%，但这似乎不是问题的关键。正如我们所看到的，即使学生对概念的掌握达到 95%，也会在以后的学习中遇到困难，所以我们为什么要满足于此呢？

关于这一问题，我后来意识到，问题的关键不在于某个量化目标，而在于一个更人性化的因素：我们对学生的期望值。我们应该期望学生达到什么样的应用和理解水平？反过来，我们的期望和标准又传递了什么样的信息？一般来讲，教师和教育工作者的期望值普遍偏低，而这种期望有一种居高临下的感染性。当孩子们感觉标准定得太低时，他们就会怀疑自己的能力。或者，他们会形成一种具有腐蚀性和局限性的信念，即做得差不多就行了。

我最终坚信，我需要对所有学生都寄予更高的期望。80% 或 90% 是可以的，但我希望他们努力学习，直到他们能连续答对十道题为止。这听起来可能很激进，或者过于理想化，或者太难了，但我认为，这是唯一真正尊重学科和学生的标准——因为他们可以不断尝试，直到达到这个更高的标准。

我相信每个学生只要获得必要的工具和帮助，都能在基础数学和科学方面达到这样的水平。如果让学生在没有达到这一水平的情况下继续前进，他们迟早会摔跟头。

有了这些核心理念之后，我仍然面临一个实际问题，那就是如何衡量百分之百的熟练程度。我并没有这方面的宏大理论，我只是决定尝试一下"十连问"的启发式教学。因为如果学生能够正确地解决某一学科的连续 10 个问题，那就表明他们真正理解了相关概念，侥幸的猜测和单纯的"套用"在此过程中都不可能始终奏效。诚然，10 道题是一个任意设置的解题数量，我也可能会选择 8 道或 12 道，不同的概念可能需要不同的数量。但坚持一定数量的正确答案让学生有了目标，如果他们做不到，他们就需要回去复习，如果他们需要更多问题，软件就会帮他们生成。

最重要的是，当学生们连续解决了 10 道难题时（这在开始时通常看起来相当令人生畏），他们真的觉得自己完成了一些事情，体会到了成就感。他们的自信心和自尊心得到了提升，他们期待着挑战下一个更难的概念。

03
向真正课堂的飞跃

让我们把时间回溯到 2007 年初。

当时,有数千名学生正在使用在 YouTube 上发布的可汗学院视频进行学习。在这几千名学生中,有几百人也在使用该网站的问题生成功能。很明显,可汗学院的发展已经超出了我那几个学生的范围,口碑正在传播,慢慢进入指数级增长。这当然令人欣慰,但也有些事情让我不太适应。我习惯于与我辅导过的每个人建立私人关系,而现在的课程,除了我的表亲和家庭成员,我并不真正了解我的学生,只是通过他们的作业和偶尔的电子邮件了解他们,这让我觉得自己有点像分析化验结果却不看病的医生。

我没有机会与现实世界中的任课教师和学生打交道，也无须应对随之而来的各种挑战。对我来说，问题生成软件和相当基本的反馈回路已经足够好用；但对其他人来说，它们会有用吗？真正在一线工作的专业人士会提出哪些改进或批评意见？教师们是会接受在线视频概念，还是会感到威胁？我一直在尝试的想法被作为一门完整的课程还是附加课程使用，才会发挥其最大成效？

我很想亲眼看看学生们是如何与软件和视频互动的，于是通过朋友介绍，我认识了一位在湾区帮助开展暑期项目的老师。该项目名为"半岛之桥"（Peninsula Bridge），其任务是为来自资源匮乏学校和社区中积极上进的初中生提供教育机会。学生一旦被录取，就可以免费参加暑期班。

我很想参加，但首先我必须说服老师和董事会，让他们相信我的能力。我不得不承认，这次"试镜"让我很紧张。这很奇怪，在对冲基金工作时，从未如此紧张，即便是参加与大公司首席执行官和首席财务官的会议，我都能轻松地讨论涉及数千万美元的投资选择。而现在，我参加非正式会议，与志同道合、慷慨大方的人会面，却像第一次约会的少年一样紧张。

我的第一次谈话是与一位名叫瑞安·萨德勒的女士进行的，她是一位历史教师，同时也是卡斯蒂利亚中学的暑期教学点主任。在这个场合中接触到一位真正的教育机构成员，让我感到非常兴奋，于是我滔滔不绝地向她介绍了我做的工作，包括我制作的学习视频、自学练习、知识地图和反馈仪表盘。瑞安似乎对此很感兴趣，但由于她本人不是数学教师，她建议我在与董事会全体成员开会时做一次精彩分享。我欣然同意，临别时，瑞安随口说了一句："你的这些工具都能在苹果电脑上运行对吗？"

"当然！"我自信地说。

但我说了谎，我没有苹果电脑，也不知道我的软件能否在苹果电脑上运行。我直接去了当地的电脑商店，买了一台苹果电脑，然后花了一个通宵，把所有东西都做成了兼容的内容。

如果说这是我与现实教育关系的一个不稳定的开端，那么很快，情况变得更加糟糕了。我与董事会的会议定于3月15日举行，巧合的是，这一天也是我的域名khanacademy.org到期续费的日子，而恰好我又不知道用于域名续费的信用卡已经过期。虽然仅有12美元，托管公司还是在没有警告的前提下关闭了网站。而这一天的清晨恰好是决定可汗学院未来命运的重要时刻。

网站瘫痪让我变得非常冷静。在此之前，我一直很紧张，不知道是什么让我有胆量相信我可以通过我那土里土气的手工制作视频和软件来改变教学方式。而网站的瘫痪让我意识到，我没有机会了。我本来是想炫耀网站，而现在网站根本不能运行。我真是个彻头彻尾的失败者，还没开始就已经失败了。就这样，我带着老式幻灯片和 YouTube 上的视频去参加了会议。

在瑞安的建议下，我播放了一段我做的"基础加法"的视频，我觉得这段视频做得很拙劣——甚至我听到自己的声音时都会感到害怕。但幸运的是，其他人听到一个大男人一边数牛油果，一边看着虚拟黑板上出现的颤抖的手写文字，似乎还有点乐在其中。他们的结论是，这个学院在未来可能真的能实现让孩子们学好代数的目标。他们似乎和我一样，很想试一试。

于是，"半岛之桥"在那个夏天在三个校区使用了视频课程和软件。一些基本规则是明确的，他们没有用课程代替传统数学课，而是作为传统数学课的补充。视频只能在"计算机时间"使用，这个时间段还要学习其他工具（如 Adobe Photoshop 和 Illustrator）。然而，即使是在这样的教学框架中，也要做一些重要的决定，正是这些决定让"半岛之桥"这个试验案例的教学成果变得出人意料且具有吸引力。

第一个决定是孩子们的数学课应当从哪里开始学。学院的数学课程从 1+1=2 开始。但学生主要是六年级到八年级的学生。的确，他们中的大多数人对数学的理解还不够深入，许多人的学习成绩低于他们的年级水平。但是，让他们从最基础的加法开始学起，的确是浪费他们的时间。所以我建议从五年级的教材开始，以便进行一些复习。然而，出乎我意料的是，在实际执行该计划的三位教师中，有两位说他们更喜欢从头开始。由于班级是随机选择的，因此我们最终进行了一次小型对照试验。

很多人可能对我们的做法提出质疑：初中生会不会觉得基础算术太简单了？在从"1+1"开始学习的小组中，大多数孩子都如愿以偿地掌握了早期概念，但也有一些孩子没有做到。有几个孩子被两位数减法这样的基础问题难住了。有些孩子显然从未学过乘法表。还有一些学生缺乏有关分数或除法运算的基本技能。我强调过，这些都是积极上进、聪明伶俐的孩子。但是，不管出于什么原因，他们在学习上的瑞士奶酪式差距在很早的阶段就开始悄然显现，这让他们很苦恼。

不过，好消息是，一旦发现了这些漏洞并进行修补，孩子们就能非常顺利地前进了。

这与从五年级教材开始学习的那组学生（先行组）形成了鲜明而意外的对比。由于先行组一开始就占了先机，我以为在为期六周的课程结束时，他们会学到比另一组学生更先进的概念，但事实恰恰相反。就像龟兔赛跑的经典故事一样，尽管"1+1"组的学生在学习上步履蹒跚，但最终还是超越了先行组。而先行组的一些学生却碰了壁，很难取得进步。比较两组学生的表现，结论似乎非常明确：几乎所有学生都需要某种程度的补习，尽管"1+1"组在寻找和弥补差距上花费了一定时间，但从长远来看，这种方式既节省了时间，又加深了学习。

但是，我们该如何找出这些差距？这些差距到底有多大？这些差距又是何时被充分填补的呢？

如前所述，我已经设计了一个非常基础的数据库，可以让我跟踪学生的学习进度。但现在，我正在与经验丰富的任课教师合作，他们为反馈系统的重大改进指明了方向。夏令营开始几天后，其中一位老师克莉丝汀·海米西普给我发来邮件说，虽然现有的功能很不错，但她真正需要的是一种识别学生何时"卡壳"的方法。

这反过来又引发了我对"卡壳"概念的思考。毕竟，学习总是需要一定程度的"卡壳"，哪怕只是一瞬间卡在不知道的东西和已经理解的东西之间。因此，我意识到，与完全掌握的情况一样，我必须想出一个启发式方法来定义"卡壳"：如果一个学生尝试做了50道题，但从没有连续做对10道，那么他就是"卡壳"了。（这个启发式方法现在已经用更先进的技术进行了改进，但总体思路是一样的，即找出谁最需要老师或同伴的帮助。）

这种对"卡壳"的粗略定义足以作为一个框架，但仍然存在一个问题，即如何以最佳方式向教师提供信息。克莉丝汀建议用一张每日电子表格，每个学生代表一行，每个概念代表一列。在学生和概念的每一个交叉点上都有一个单元格，我们可以在其中输入学生做题的信息，如做了多少道题、正确或错误的数量、最多的连续正答数以及答题时长。在此基础上，电子表格可以简单而形象地揭示谁被卡住了，以及卡在哪里。

事实证明，反馈电子表格不仅仅提供了一张呈现学生做题情况的图表，它从根本上改变了课堂的动态。技术的使用再一次促进了一对一的互动，让老师知道谁最需要他的关注，从而使课堂变得更加人性化。更有意义的是，已经掌握某个概念的学生可以与学习有困难的学生结成对子。再或者，两个陷入困境的学生可以一起努力，克服共同的障碍。在所有这些情况下，重点显然是提高教学质量、促进教学互动。

在结束对"半岛之桥"经验的介绍之前，我想提一下我觉得特别有趣的一个故事。在我们从普鲁士人那里继承下来的传统教育模式中，学生们被分批安排在一起。因为在传统课堂上，学得最快和最慢的学生之间的差距似乎会随着时间的推移而扩大，把他们都放在一个班级里，就很难避免学得快的学生因为不能匹配其能力而厌烦，或者让学得慢的学生因为跟不上节奏而失去兴趣。大多数学校系统通过"跟踪"学生来解决这个问题。这意味着将"学得最快"的学生编入"高级"或"优质"班，将一般的学生编入"普通"班，将"学得最慢"的学生编入"补习"班。这种做法看似合理，但它在学生之间造成了某种永久性的智力分层和社会分化。

上面这些对学生进度和潜力的评估过于武断，同时也影响了学生的命运。因此，我很想知道夏令营中是否有数据表明，如果"学得慢"的学生有机会按照自己的节奏学习，并打下坚实的基础，他们就有可能成为"学得快"的学生。我在数据库中查询了一些学生，他们在项目开始时严重落后于同龄人，因此很可能在分班考试中被列为"学得慢"的学生，但后来他们却成了成绩最好的学生之一。

在一个仅有30名学生的班级中，我发现有3名学生在六周课程开始时明显低于平均水平，而在课程结束时则明显高于平均水平。（我是通过比较每个学生在课程第一周和最后一周掌握的概念数量与学习者平均掌握概念的数量来衡量这一点的。然后，我把重点放在那些在夏令营开始时比平均水平低至少一个标准差，而在结束时比平均水平高出至少一个标准差的学生身上。）通俗地说，这个极小的样本表明，有10%的孩子虽然完全有能力在数学上取得很好的成绩，但他们在开始很可能被视为"学得慢"的一类，并被分到"补习"班。

有一个名叫马塞拉的七年级女学生，她的学习变化情况尤为突出。夏令营开始时，马塞拉的学习成绩在所有学生中是最差的，在暑期班的前半段，她的学习进度是最慢的，她学习的概念大约只有普通学生的一半。尤其是在负数加减法上，她花费了很多时间，就像被卡住了一样没有任何进展。但后来，事情发生了变化，她突然开窍了，虽然我和她的班主任都不知道到底是怎么发生的，这就是人类智慧奇妙的一部分。从那时起，她的进步比班上其他人都快。课程结束时，她在所有学生中排名第二。此外，她展现出惊人的数学天赋，最终轻而易举地掌握了复杂的知识，而她的大多数同龄人，甚至那些自认为数学很好的人都很难掌握。

夏令营结束时，我们举行了一个小小的颁奖仪式。我有幸为几个孩子颁奖，马塞拉就是其中之一。她曾经非常害羞，也非常缺乏自信，直到那个夏天，这一切都改变了。当我告诉她，她将成为我们当中的明星时，她只是微微一笑，快速点了点头。她的这种自信表现足以让我开心一整天。

04
趣味游戏

就我自己的亲身教育体验而言,"半岛之桥"的经历既令人激动,又让我获得了解放。记得在录制视频课程并发布到 YouTube 上时,我一个人孤独地坐在一间装修奢华的衣帽间里。而现在,我面对的是我喜欢和支持的有血有肉的孩子,以及我非常钦佩的智慧而又敬业的课堂老师。从 2009 年开始的连续几个暑假里,我与一位名叫阿拉贡·伯林汉姆的航空航天工程师共同设计和组织了一项试验,我称之为实践学习。在第一个暑假,我还在做对冲基金的工作,而我几乎把所有的假期都用在了夏令营上,但我一点也不介意,反而乐在其中。

我希望大家明白一点，我从来都不认为看电脑视频和做题应该是孩子教育的全部。恰恰相反，我希望的是提高教育效率，帮助孩子们在更短的时间内掌握基础概念，从而有更多的时间学习其他方面的内容，在实践中学习，在富有成效、拓展思维的乐趣中学习。我们称之为"隐性学习"，夏令营似乎是这种教育的完美试验场。

因此，我们的训练营在很大程度上以实际项目为重点，而实际项目反过来又能说明基本原理。这听起来有点抽象，让我用一个生动的例子来解释吧。我们在夏令营的大部分时间都花在了制作机器人上。在一个项目中，学生们的任务是利用带有复杂的触摸、光线和红外传感器的可编程乐高积木设计桌面相扑手。这些机器人需要探测到对手的机器人，并将其推离桌面。这是一个简单的游戏，却极具开放性和复杂性。

一些学生制造了聪明灵活的机器人，试图欺骗对手并让其自己离开桌子。还有一些学生对牵引力或扭矩进行了优化。最重要的是，孩子们在任务中能够反复制造、测试和完善他们的作品。

另一项被证明是学习沃土的夏令营活动是我们熟悉的棋盘游戏的变体。每个玩家只能通过消灭随机指定的另一名玩家才能获胜。你知道你应该消灭谁，但你不知道谁想消灭你。你必须从其他玩家的行动中推断出他们的目标。然后，你必须决定什么时候获取即时利益，而不是对捕食者采取防御，或对猎物采取进攻。

6名玩家通过游戏潜移默化地学习了心理学、博弈论和概率论，而其他20名学生则根据游戏结果进行交易，从而了解信息和情绪是如何驱动市场的。游戏开始时，每个学生都会得到500美元的假币和6张彩纸。游戏规则是，代表被淘汰选手的纸张价值为零，而代表获胜选手的纸张价值100美元。因此，正如你所期望的那样，每个玩家的"股票"价格随着游戏的起伏而涨跌；如果有人愿意花60美元买红色的纸，那么他就是在告诉市场，他认为红色有60%的胜算。学生们在不知不觉中获得了关于概率、期望值和不可预测现象建模的深刻理解。有一次，一些"股票"的交易价格超过了100美元，也就是超过了他们可能获得的回报。游戏结束后，我们谈到了"非理性繁荣"，这是一个很好的讨论点。

没有让身心都疲惫不堪的夏令营体验是不完整的，因此我们玩了一个名为"临界质量冰冻定格"的游戏。在普通的冰冻定格游戏中，一名学生试图通过触碰其他人将其冰冻在原地。其他尚未被冻住的学生可以解冻他们。在我们的变体中，我们测试了要冻结所有人所需的冻结器数量和比赛场地大小。同样，这些学习是隐性的，孩子们以为他们在玩捉人游戏，直到后来他们才意识到，他们对复杂系统的工作原理有了更深刻的直观认识。

无论是"半岛之桥"夏令营还是与阿拉贡合作举办的夏令营，都产生了良好的效果，丰富了学生的经历。但与此同时我也清楚地意识到，可汗学院要想被视为课堂教育的理想选择，就必须在完整的学年中证明其作为正式课程一部分的价值。因此，当有机会这样做的时候，我非常激动，当然也像往常一样紧张。

05
大胆尝试

到 2009 年初,可汗学院开始步入正轨。每天都有成千上万的学生在使用它,我把所有的业余时间都花在了上面。事实上,我甚至在做对冲基金分析师的工作时也惦记着可汗学院。我尽最大的努力专注于我的日常工作,但我的心已经完全投入可汗学院的发展中。

有一天我收到了一封电子邮件,来自一位名叫杰里迈亚·亨尼西的先生,他是一家大型连锁餐厅的联合创始人。他在可汗学院找到了帮助他儿子学习化学的方法,之后他也成了可汗学院的用户。他说想跟我聊聊可汗学院的发展。

在此之前，已经有几位企业家找到我，试图说服我把我的视频变成营利性产品。我以为亨尼西跟我的交谈也是出于这个目的。事实证明，他表达的意思恰恰相反。他甚至比我更确信，我做对冲基金工作是在浪费时间，可汗学院作为一个非营利机构可以帮助改变世界。当然，他的自信让我受宠若惊，但我尽量不把它当回事。我的儿子刚出生，我的妻子仍在接受培训，辞职这件事光是想想就已经显得我非常不负责任了。

亨尼西明白这一点，并没有给我太大压力。但他在我心里播下了一颗种子。随着时间的推移，我开始越来越频繁地和他交谈。到2009年夏天，我开始认真考虑这件事。

当时已经有成千上万的学生定期观看这些视频。凭借良好的口碑，我编写的软件非常受欢迎，以至于我那每月50美元的服务器都快崩溃了。事实上，我不得不暂停新用户注册，这样老用户们才能够勉强使用。坦率地说，一想到可汗学院拥有的种种可能性，这太令人兴奋了，以至于我难以全神贯注于我的日常工作。

于是，我开始和我的妻子乌玛伊玛商量辞去对冲基金分析师的工作，全职处理可汗学院的事务。我们的积蓄足够在硅谷支付一栋像样的房子的首付，但也仅此而已。我妻子是一名正在接受培训的风湿病医生，有一些固定收入。尽管如此，一想到要放弃固定收入,我们还是会感到害怕。乌玛伊玛和我都来自单亲家庭,由母亲独自抚养长大,家庭收入在年景好的时候只是略高于贫困线,我俩都不想再去过儿时那种清贫的日子。所以我仍然犹豫不决。

随后,在 8 月发生了两件大事:第一件事是可汗学院入围了圣何塞科技博物馆颁发的一个重大奖项,第二件事是我通过 YouTube 收到了一封电子邮件。

这封邮件是一个学生写给我的,他告诉我,在他的家乡"学校不欢迎黑人学生"。当他还是个孩子时,他就被"强迫食用药物而说不了话,(然后)因为被叫到时却说不出话而受到惩罚"。他带着悲伤(而不是愤怒)说:"没有一个老师给予我积极的帮助。"为了给他一个接受优质教育的机会,他的家人攒了足够的钱,搬到了一个偏见较少的社区,但他写道:"因为没有真正掌握初等数学,所以我的进步很慢。"

这个年轻人已经进入了大学,入学之初他所做的只能是努力追赶。他在邮件里这样写道:"我整个夏天都在你的 YouTube 上度过……我只是想感谢你所做的一切……上周我参加了数学分班考试,并且进入了快班……我可以坚定地说,你改变了我和我家人的生活。"

哇。从事对冲基金分析师工作的人可不会收到这样的信。在那封邮件、博物馆奖项、亨尼西的鼓动和妻子的祝福下，我决定冒险一试。我想我可以说服别人，可汗学院是一项值得支持的事业，并自信地告诉我的妻子，如果这件事一年内没有实现，我就会重新找一份稳定的工作。

现在回想起来，我实在是太天真了。尽管可汗学院在 YouTube 上的浏览量已经超过了麻省理工学院开放课程和斯坦福大学教学视频的总和，但它仍然只有我一个工作人员，它的办公室只不过是一个衣帽间。我没有经营或为非营利组织筹集资金的经验。最令人沮丧的是，与我交谈的几家基金会都害怕风险。我听到过太多次这样的话："这听起来很令人兴奋，但为什么没有其他人给你提供资金支持呢？"

压力在我辞去工作的第四个月开始变得越来越大——没有什么比每月消耗 5000 美元的积蓄，同时家里还有个蹒跚学步的孩子更能给婚姻带来压力的了。2010 年 1 月，当我受邀与谷歌公司的一些人会面时，我第一次看到了希望的曙光。显然，许多高级工程师和管理人员一直在和他们的孩子一起使用可汗学院，他们想了解更多关于可汗学院的信息。

第一次会面大约有十个人参加。我准备了一些幻灯片（我称它们为我的演示展板），向他们展示了我所构建的内容截图、用户的反馈和"半岛之桥"项目的数据。我告诉他们，我认为我们可以为全世界建立一个免费的包括指导、练习和反馈在内的虚拟学校。我们还讨论了如何使用我收集的数据来改进教学。每个人似乎都非常认可我所做的事情，但对于可汗学院未来会变成什么样子，我依然毫无头绪。

几周后，他们邀请我进行第二次会面。这一次，情况似乎有了起色。他们让我写一份关于我将用 200 万美元做什么的提案，不需要太多细节，两页就可以了，每页 100 万美元，还不错。要知道，直到那时，我在可汗学院上总共花了大约 2000 美元。

我花一整晚时间写了一份大纲，说明我将如何聘请一个工程师团队来开发软件，我一年内能制作多少个视频，以及我们在未来五年或十年内能吸引多少学生。我把提案发了出去，然后静静等待。在接下来的几个月里，我得到了一些保证，说他们正在认真研究我的提案，但这一次，我对基金会已经不再抱有太多期望了。

几个月内，我开始更新我的简历；我意识到自己对动用存款的容忍度比想象中要低。我甚至不确定我是否还能在金融行业找到一份工作——毕竟，大多数雇主都不会雇用一个辞职去做了一年 YouTube 视频的人。

4 月，我收到了另一封意外且幸运的邮件，邮件的标题是"我是你的超级粉丝"。所以我当然立刻打开了！这封信来自一位女士,我没有一下子认出她是谁,她向我询问一个可以给学院捐款的地址。

这件事并不罕见。很多人已经通过 PayPal(贝宝)一次性捐赠了 5 美元、10 美元,甚至 100 美元,但这次她寄来了一张 1 万美元的支票。发件人名叫安·多尔。经过一番手忙脚乱的搜索,我了解到安是著名风险投资家约翰·多尔的妻子。我给她发了一封电子邮件,感谢她的慷慨支持,她回信提出要与我共进午餐。

我们约定 5 月在帕洛阿尔托市中心见面。安骑着一辆蓝绿相间的自行车来了。我们讨论了可汗学院的未来。当安问我如何养活自己和家人时,我尽量让自己听起来不那么绝望,回答说:"我们靠存款过日子。"她点了点头,我们便各自离开了。

大约 20 分钟后,当我在车库停车时,我收到了一条短信,是安发来的:你需要养活自己,我现在就寄一张 10 万美元的支票给你。

我差点撞上车库门。

收到安的短信之后,发生了一系列超乎想象的事情。两个月

后，我和阿拉贡再次举办了为期一周的夏令营。一天下午，当我带领 20 个孩子开展一个疯狂项目时，我收到了一条来自安的短信。事实上，我一连收到了好几条。短信的内容如下：

在阿斯彭思想节……有好几百名观众。
比尔·盖茨在台上谈到你了。
幸好你妻子让你辞掉了工作。

这些话到底在说什么？也许这些信息是发给别人的？也许是某种恶作剧？我让离我最近的一个学生把座位前的电脑让给我，开始在网上搜索确认这一消息是否属实。

果不其然，人们已经在博客和推特上谈论这件事了。比尔·盖茨在阿斯彭思想节的舞台上谈到他是可汗学院的粉丝，自己和孩子们都在使用可汗学院的视频学习。我的脑海里立刻浮现出我为我的表弟表妹们制作的那些粗糙的视频，视频的背景音是我儿子的尖叫声，或者我正试图在我妻子下班回家之前把一个概念囫囵讲完。比尔·盖茨真的看了这些视频吗？

接下来的几天很奇怪。我最终找到了这个视频片段，我知道这件事真的发生了。但接下来我该怎么办呢？打电话给他吗？我怎么会有比尔·盖茨的电话。

大约一周后,我收到了来自盖茨办公室主任的一封电子邮件,并接到了一通电话。他告诉我,如果我有时间,比尔·盖茨想让我飞到西雅图与他会面,看看他能如何支持可汗学院。当他问我是否有空时,我正盯着我的日历看,接下来一个月的行程完全是一片空白。我一个人坐在我的小办公室里,尽量让自己的声音听起来很镇定,说:"当然,我觉得我还是能挤出点时间。"

最后,8月22日,我和比尔·盖茨在他位于华盛顿州柯克兰的办公室见面了。办公室傍水而建,比我的衣帽间好多了。我和盖茨基金会的其他几个人在会议室里等着,手里拿着已经被用滥了的演示展板。我觉得我当时明显有些紧张,所以他们安慰我说:"比尔只是一个普通人而已,他人很好。"这让我感觉放松了一点,接下来的谈话顺利了很多。几分钟后,房间里的每个人突然严肃起来。比尔·盖茨走了进来,站在我身后。确实,他只是一个普通人。

我猛地站起来,握住他的手,说:"嗯……很高兴见到你。"他坐了下来,然后大家都静静地等待着。我意识到该我发言了,于是接下来的15分钟我谈论了我认为可汗学院可以做什么,以及我们计划怎么做。比尔·盖茨全程礼貌地点点头。老实说,我都不知道自己在说什么。我大脑的20%在说话,剩下的80%一直在想:"你知道你正在跟比尔·盖茨说话吗?"他就坐在你旁边的桌子那儿！看啊，那可是比尔·盖茨！你最好别搞砸了！也别想讲你那些愚蠢的笑话！"

他问了我几个问题，然后简短地说："这很棒。"

两天后，《财富》杂志刊登了一篇关于可汗学院的文章，标题是《比尔·盖茨最喜欢的老师》。几周前，我和文章的作者戴维·卡普兰聊过，所以我知道他也和比尔·盖茨聊过，但那个标题还是美好得不太真实。那篇文章把我母亲看哭了——她曾因为我放弃就读医学院而介怀，但我想这是她第一次为我所做的事而欣慰吧。

到了9月，盖茨基金会确认将为可汗学院拨款150万美元，这样我们就能有一个办公场所，并雇用一个五人的团队；他们后来又拿出400万美元支持其他项目。谷歌也宣布将向可汗学院提供200万美元来进一步建设我们的练习库，并将我们的内容翻译成世界上最常用的10种语言。这是他们的"10的100次方计划"的一部分，其目标是从15万份提交材料中选出5个能够改变世界的想法，并为其提供资金支持。看样子，我的确是时候该走出衣帽间了。

06

洛斯阿尔托斯试验

随着资金逐步到位,紧迫的经济压力得到缓解,我终于可以空出时间回到我的本职工作——教育。

2010年9月,有人把我介绍给马克·戈因斯,一位硅谷著名的天使投资人,更重要的是,他还是洛斯阿尔托斯学校董事会的成员。洛斯阿尔托斯是一个富裕的城镇,拥有加利福尼亚州数一数二的学校系统。我新买的山景房就在这附近——如果我的房子被划进洛斯阿尔托斯学区,它的价值会立马上涨10万美元。一天下午,马克约我在当地的一家咖啡馆见面。

我们一见如故。马克就是那种成就了硅谷的人。他非常成功、非常聪明，最重要的是，他为人谦逊，做事脚踏实地。我们就可汗学院未来的发展方向和受众群体进行了深度交谈。聊了半小时后，马克问我，如果我可以彻底改变五年级数学课的课堂互动模式，我会做些什么。我以为这只是一个纯粹的假设性问题，便大致讲述了我的想法。

马克似乎对我的想法很感兴趣，我本以为我们之间只是愉快地聊了一会儿。直到我们喝完咖啡准备起身离开时，他对我说，如果我不介意，他想和学校董事会的其他成员讨论一下我的想法。

我得顺便提一下，在这关键时刻，可汗学院的发展速度快得令人眼花缭乱。谷歌和盖茨基金会已明确表示将大力支持我们，这也引起了媒体的关注。接下来的各种事情也让我不知所措，我开始与他人会面，为可汗学院租一间办公室使其正常运转起来。而且我还担心，由于我将大部分时间投在可汗学院的运营上，最吸引人的视频课程的制作会受到影响。显然，我需要帮助，并且刻不容缓。

我说服了一位来自路易斯安那州和麻省理工学院的老朋友尚塔努·辛哈，让他正式加盟公司，担任校长兼首席运营官。他很聪明，自我们十几岁起，就一直在学术竞赛中压过我一头。他毅然放弃了麦肯锡公司年薪 50 万美元的合伙人职位，加入了我的团队。看来还有人和我一样，疯狂到愿意放弃一份相对稳定的高薪工作，投身到全球教育改革中，我感到非常欣慰。

10月初，尚塔努和我与洛斯阿尔托斯学校的主管杰夫·贝尔以及主管助理艾莉莎·加拉格尔见了面。他们听了我们的演讲，意识到我们提出的正是教育工作者一直在努力追求但不太知道如何实施的差异化教学，这是一种根据每个学生的需求进行针对性调整的教学模式，他们请求给他们一些时间与同事、校长和老师们讨论我们的想法，然后提议我们安排下一次会面。

五天后，我们收到了艾莉莎的一封邮件，说他们想在感恩节假期后在四个班级启动一个试点项目，距离现在只有五周时间。因此，尚塔努和我立刻进入了紧张状态——招聘顶尖的设计师和工程师，升级软件，完善创意。让我强调一下我们为何对这个洛斯阿尔托斯的试点机会如此充满激情：可汗学院成立的初衷是帮助学生在传统教育体系之外进行学习，甚至在获得盖茨和谷歌的第一笔资金之前，我们每个月的学生人数就已经达到100多万。在很大程度上，我们之所以取得成功，是因为我们可以百分之百地专注于终端用户，而不必像某些软件供应商那样去迎合学区。基于此，可以说洛斯阿尔托斯项目偏离了我们以学生为本的使命，甚至可以说走了弯路。

但我和团队的其他成员一直希望可汗学院不仅仅要成为一个

强大的在线资源网站。我们觉得,我们正处在一个可以重新反思教育的历史时刻。我们并不知道所有的答案,现在也仍然如此,但我们有一种感觉,那就是我们必须开始在真实的环境中进行试验,这样至少可以确信我们提出了正确合理的问题。我们想从真实的老师和学生那里了解如何使用我们的技术或如何利用技术让教学变得更好。洛斯阿尔托斯是理想的试点选择,因为他们没有官僚主义,思维开放,而且位于硅谷的中心地带。事实上,该学区认为,通过与我们合作可以让这个美国顶尖学区的教学变得更加高效,这是对我们的极大信任,为此我们绝对不能辜负。

———————

到 2010 年 11 月底,试点项目顺利启动。两个五年级班级和两个七年级班级通过可汗学院学习数学。在此过程中,无论是老师还是学生都没有被强迫来参与这个项目,所有与我们一起工作的老师都是自愿加入的。我们还举办了家长会,并给他们退出的机会,但没有人选择退出。

五年级和七年级的班级之间存在相当大的差异。这些五年级学生还没有分班,因此他们几乎是洛斯阿尔托斯学区的典型代表——父母大多数说英语、接受过大学教育且家庭较为富裕。然而到了七年级，学生们已经被分为不同的班级，参与可汗学院试点项目的学生是相对落后的"发展班"。他们有些人有学习障碍，有些人英语不好，几乎所有人的父母都未接受过大学教育。这些学生大多来自国王大道（硅谷的主要大道）的"另一侧"，恰好划分进了洛斯阿尔托斯学区，但其经济状况要差得多。

然而，尽管这两组学生存在差异，他们也有相似之处——充满热情和好奇心。老师们都明白，有些东西是可以量化的，而有些东西则不能。比如我们无法用曲线描绘出学生在教室课堂上表现的活力，但它是很容易感受到的，而且非常重要。我们的课程从一开始就明显提升了课堂的活力。孩子们迫不及待想要开始"可汗时间"，有些甚至不想下课休息。他们开始自主探索概念，自发地互相帮助。不论是在七年级还是五年级的班级里，孩子都开始主动掌控自己的学习进程。

令人兴奋的是，对这些学生和老师来说，课程的改变就在他们眼前发生。然而，他们并不只是旁观者，而是积极参与其中——不仅接受改变，还推动改变发展的进程。我们的软件设计师本·卡门斯和詹森·罗索夫，现在承担着软件升级的重要工作，他们坐在教室里，观察孩子们如何实际使用不同的功能并做出反馈，以及根据老师的需求进行调整，如此不断进行迭代。我们通过给孩子们发放电子成就徽章来奖励他们在学习中的进步——这是一种无须成本就能提升他们动力和信心的方式。孩子们逐渐意识到软件是由真人制作的,教育不是强加给他们的可怕的、无情的压力,而是一个为他们着想、在他们的参与下诞生的活生生的、有血有肉的生命体。请原谅我的这番夸夸其谈,但教室里那些正在发生的奇迹,印证了我自从和我的表弟表妹们谈论我最早的视频课程以来一以贯之的一个信念:想要创造出最棒的工具,就必须让创造工具的老师和使用工具的学生进行开放、尊重、双向的交流。

谈到活力、魔法和所有那些令人感觉良好的加州元素,这些都挺好的;尽管如此,我还是清楚地意识到,最终试点项目的成败并不是以这些无形的东西来衡量的,而是取决于标准化测试中学生们的表现,而这些测试是严格的、有缺陷漏洞但又无法忽视的。我承认,随着我们的学生参加各自年级的CST(加州标准测试)的日子越来越近,我又一次感到非常紧张。

请让我解释一下我为何感到紧张。并不是因为我怀疑我们的学生没有好好学数学。我相信他们都在认真学习,而且更重要的是,我相信他们学得比大多数传统课堂教的更深入和扎实。相反,我担心的是孩子们所学的知识与测试内容不一致。

这是标准化考试所面临的悖论和潜在的风险之一:它们衡量的是对某门特定课程的掌握程度,而未必能检测出对课程所依据的知识点和概念的掌握程度。反过来，课程也会受到人们对考试内容的期望的影响。因此，这就是一种循环逻辑，一种无休止的循环。教什么，就考什么；考什么，就教什么。而超出考试范围的知识点、思维方式和理解水平往往会被忽略，它们不值得在课堂上花费时间。

我们尝试用一种不同的方式来进行教学，我们相信这种方式更加自然，因为它旨在帮助学生理解相应知识点，而不是只关注考试内容。我们鼓励学生按照自己的节奏学习，所以有一些非常优秀的五年级学生已经在学习代数甚至三角函数了。但是这种显著的进步在加州的标准化考试中却没有得到体现，因为这些测试只评估学生对五年级常规知识的掌握程度。此外，我们五年级的班级面临着相当激烈的竞争，因为在洛斯阿尔托斯的传统课堂教育中，有91%的学生已经能在他们年级的水平测试中达到"良好"或"优秀"。

至于七年级的学生，我们有一些不同的考虑。在参加试点项目之前，他们的学习成绩明显落后于同龄人，他们非常需要补习。那我们可汗学院非传统的方法能提供他们需要的帮助吗？

考试的日子到了。我们一边祈祷一边紧张地等待结果公布。当成绩出来时，结果令人振奋。

我们五年级的学生里达到"良好"或"优秀"水平的比例高

达 96%。不得不说，这一优异的表现很大程度上要归功于试点班级中出色的老师，而不仅仅是可汗学院的教育资源。这实实在在向学区证明了，尽管我们的软件仍处于起步阶段，而且我们也不是为了应付考试而教学，但这个试验绝对没有带来任何负面影响。基于测试结果和老师、学生以及家长的积极反馈，董事会决定在接下来的学年将可汗学院纳入该地区所有五年级和六年级数学课程的教学内容中。就像玩桌面弹球游戏一样，我们在这轮游戏中表现出色，因此获得了再玩一次的机会。

但真正令人瞩目的成绩是在七年级的班级中。与一年前相比，他们在水平考试中的平均分提高了 106%。现在达到本年级水平要求的学生数量是以前的两倍。有几名学生的成绩跃升了两个等级，从"较差"提高到了"良好"，甚至有人达到了"优秀"水平。这些成果除了令我们感到欣慰，同时也进一步证明了分班制度是无意义的。我们那些家境一般、表现不佳、被认为是"差生"的孩子，获得了与来自富裕家庭的同龄人一样的成绩，有的甚至超越了他们。

我想强调最后一点。数学补习班通常被视为学生"坟墓"，一旦学生被视为"差生"，他们往往越来越落后于同龄人。然而，突然之间，我们发现那些被安排在"发展班"的学生实际上可以超越"快班"的同学。更令我高兴的是，通过对五年级和七年级学生的观察，我们发现其实一开始就没有必要把学生分到不同层次的班级。现在每个学生都可以按照自己的节奏学习，谁最终能取得最大的进步是无法预测的。值得注意的是，这些最初的数据来自一个非常小的数据集，只涵盖了少数几个班级，也并不是作为一个真正的对照试验来设计的。但它确实指向了一个非常有前途的发展方向。

到了 2011 年夏天，我们开始扩大团队，来管理洛斯阿尔托斯学区的一个全区试点项目，共有 1200 名学生参与其中。越来越多的老师和学校迫切希望与我们合作。考虑到我们想推动自己的教学模式，并了解可汗学院如何应用于不同的学习情境，我们选择了加利福尼亚州的一些公立、特许和私立学校，为不同类型的学生提供服务——总共涵盖了 70 个教学班级。我们在试点项目中使用的所有教学工具都可以供任何人使用，因此从我们的服务器数据中可以清楚地看到，在全球范围内还有超过 1 万个由教师主导的课堂或团队在没有任何正式试点计划的情况下使用我们的工具，为 35 万名学生提供教学服务。

在写这本书的时候，我们刚刚开始统计这次更大规模试点项目的数据，但就目前的信息来看，与我们在洛斯阿尔托斯第一次试点时获得的有限数据相比，新的成果似乎更加令人兴奋。

让我们来看看奥克兰联合高中的试点项目，那里 95% 的学生是非裔或拉丁裔美国人，有85%的学生可以享受免费或减价的午餐。在最近的一篇博客文章中，校长戴维·卡斯蒂略和数学老师彼得·麦金托什写道，在前几年，他们"发现学生们没有积极参与到课程中，也几乎没有花时间学习。……学生们没有履行好他们的学习责任，他们的学业早在小学起就开始出现偏差"。然而，他们对试点班级里正在发生的变化做出了这样令人振奋的描述：

> 我们认为，可汗学院的教学方式从根本上改变了学生的性格，让那些原来对自己的学业漠不关心的学生突然开始为自己承担责任，让曾经懒散懈怠的学生变得刻苦努力。我们相信，无论是在班级整体水平上还是在个别学生身上，这种性格的改变都是取得惊人成就的主要原因。

来自学生考试成绩的数据确实振奋人心。在涵盖代数不同领域的一系列考试中，学生们的平均得分提高了10%~40%。在各个知识点上达到"良好"水平的学生比例甚至更加引人注目。例如，在最近进行的"解方程组"考试中，得分至少达到80%的学生比例增长了4倍。现在判断未来的学习趋势或许还为时过早，但与往年相比，随着课程进入难度更高的阶段，学生们的相对进步只会越来越显著。

我们从其他学校的试点项目那里也获得了类似的结果。一群来自奥克兰当地公立学校的六年级学生参加了 KIPP（美国大学预科公立学校）试点项目，他们的数学掌握程度大概是三年级的水平。六个月后，班里大部分学生都达到了五年级和六年级的水平。一群学生能在短短几个月内提升两三个年级的水平，这是老师们从来没有见过的。我们期待在未来几个月能看到更多这样的数据。

07
自主学习

任何停止学习的人都已经衰老,无论他们是20岁还是80岁。而坚持学习的人会永远年轻。生命中最伟大的事情就是保持内心的年轻。

——亨利·福特

把所有的玩耍和学习都放在童年,把所有的工作都安排在中年,把所有的遗憾都留给老年,这是完全错误的、残酷的和武断的做法。

——玛格丽特·米德

请允许我现在进入另一个完全不同的话题,来谈谈可汗学院在现实世界中对另外一群人的意义,也就是那些坚持终身学习,并希望保持思维活跃的成年人。

让我们回到2008年,当全球金融危机令市场瘫痪、银行倒闭的时候,我和大家一样,想弄清楚到底发生了什么。这些问题相当复杂,许多专业术语让普通人望而却步。可以说,华尔街和政府中的一些人的真实意图就是让我们感到困惑。因此,我试图以一种对我来说最合适的方式来理解这一问题——将问题分解成易于理解又相互关联的小模块,并确保在转向另一个问题之前,我已经掌握了当前这个问题的概念。因为我很清楚，许多人也在努力应对这些突然变得紧迫的经济难题——究竟什么是债务抵押债券？财政部是如何与美联储联系在一起的？什么是量化宽松货币政策，它与印钞有何不同？我于是开始发布有关此次危机的视频课程。说实话，我并没有想过这些视频到底是给谁看的问题。我做这些就是因为我觉得有必要这么做。

然后，一件完全出乎意料的事情发生了。视频刚一上线，我就开始收到专业记者和评论员的来信，他们都观看了我的视频——包括商业作家、金融顾问，以及有关经济和投资的电视节目主持人。（我甚至收到了一封有点吓人的电子邮件，是一位投资银行家发来的，为了感谢我讲解抵押贷款支持证券的视频。邮件的大意是：谢谢，现在我明白我是靠什么谋生的了。）在危机最严重的时候，CNN（美国有线电视新闻网）邀请我在他们的节目上发表演讲，我带上了我的电子黑板，给大家上了一堂15分钟的现场课。

这段经历以及我从中获得的反馈让我深信，可汗学院的职责不仅仅是为传统适龄学生提供标准化的学科知识点。各个年龄段的人都迫切需要这样的教育，来帮助他们了解周围世界不断变化的动态。随着世界变得越来越复杂，如果普通人无法理解正在发生的事情及其原因，那么真正的民主，更不用说心灵的平静，将会变得岌岌可危。

这一认识反过来又引出了一个更基础的问题，即关于正规教育所设定的人为界限。为什么"教育"会在某个时刻戛然而止？为什么教育不是终身的？我们花费了12年、16年甚至20年的时间投入学习，却在成年后把学习抛到一边，这岂不显得有些武断，甚至有点悲哀吗？

一些研究表明，大多数人到了30多岁就不再学习新东西了。我特意用了"表明"这个词，是因为对这样一个广泛而多变的主题的研究永远不可能是精确或绝对的。有些人持续不断地学习，几乎每个人每天都会学到一些新东西。作为有思想的人类，我们怎么能停止学习呢？当然，有些事实我们是难以否认的。在人生的某些阶段，学习新事物会变得不那么重要。在某个特定的时刻，我们已经学会的知识似乎够用了，学习曲线会趋于平缓。除了那些最懒惰或最不求甚解的人，我们绝大部分人的学习曲线通常不会完全变成水平直线。我们会在旅行中、在爱好中、在一项新的日常技术中，时不时地获得一些启发，拓展我们对事物运作方式的认知。但在大多数情况下，我们在生活中所运用的知识都来自以往的学习，有时是很久以前学到的知识。新知识在整个知识结构中所占的比例越来越小。问题是，随着我们周围事物的变化不断加快，学习新事物的能力也变得越来越重要，那成年人能拥有这项技能吗？

答案是肯定的。英国皇家学会最近发表的一篇论文提到，"大脑具有非凡的适应能力，这通常被称为'神经可塑性'。这是由于当神经元在同时被激活时，它们之间的连接会得到加强，这通常被概括为'一起被激活的神经元会连接在一起'。这种效应被称为经验依赖的可塑性，并贯穿我们的一生"。[2]

人不仅有终身学习的能力，而且在一定的限度内，还可以最大程度发挥并引导这种能力。正如我们在前面关于神经科学和记忆力的讨论中所谈到的，大脑中处理和存储信息是一个生理过程，它需要能量，它燃烧卡路里，它导致了新蛋白质的合成和现有蛋白质的改变。从各个角度来看，脑力劳动与体育锻炼非常相似，并同样遵循"用进废退"的原则。此外，我们不仅可以选择是否锻炼我们的大脑，甚至还可以选择要锻炼大脑的哪些部分。英国皇家学会在一则关于伦敦出租车司机的研究报告中提到了一个有趣的现象，由于必须对伦敦复杂的地形了如指掌，出租车司机们的大脑中专门用于空间关系和导航的部分确实长出了"额外"的灰质。当司机退休，不再锻炼他们的导航技能时，他们大脑中上述区域的容量便会减小。类似的研究还涉及音乐家甚至杂耍演员，结果都是一致的，当获得或增强知识技能时，大脑中相关部分的神经会得到持续发育。

我必须指出，关于终身学习能力，并非所有来自神经科学领域的消息都是乐观的。随着年龄的增长，神经可塑性的某些方面确实会减弱。年龄越大，大脑组装最基本的学习模块就越困难，这在某种程度上增加了成年人学习全新事物的难度，也解释了为什么人在早期学习外语似乎更容易。另一方面，成年人更擅长通过联想来学习。更广泛的知识基础和长期形成的逻辑和推理能力，使得成年人更容易通过与已知概念的联系来掌握新概念。[3]

这表明，综合考虑各方面因素，学习不一定在人生的某个阶段更容易，在另一个阶段更难，但我们在成年时期的学习方法可能会有所不同。甚至还有一个专门的词来描述这种方法和最适合它的教学方法：终身学习法。与之相对的是我们更熟悉的教育学，后者被广泛地定义为教育儿童的艺术和科学。二者之间关键的区别是什么呢？教育学强调教师的重要性，老师决定学生学习什么、何时学习，以及如何检测学习效果；而终身学习则强调学习者本身的重要性和责任。成年人无须被强制学习，他们是自主选择学习的。这种主动选择及其背后的动机有助于集中注意力，从而使学习变得更容易。正如马尔科姆·诺尔斯在其开创性著作《成人学习者》中所表述的那样："如果我们知道为什么学习，而且这个原因符合我们的需求，我们就会学得快、学得深。"[4]

所有这些似乎都表明，可汗学院的教学方法与成人学习者的需求和倾向非常契合。最重要的是，成人学习者能够自我激励；而基于互联网的视频课程可供成年人根据自己的时间灵活使用，这无疑充分发挥了这种自我激励。同样，这种能自定进度的课程模式充分尊重了成年人的责任感和自觉性，学习者可以根据自己的能力自行决定每次学习多少内容，也可以从繁杂的日程安排中抽出时间学习。此外，正如我们所见，成年人更容易通过将新知识和概念与已知事物联系起来学习，而可汗学院的基本原则就是强调这些联系，这种教学方式与成年人的思维方式完全吻合。

这可能听起来有些讽刺。我最初以一名12岁女孩的家庭教师的身份进入教育领域。老实说，成人教育是我后来才考虑到的。事实上，当我在没有假设或理论前提的支持下，以一种试验和实用主义的方式摸索前行时，我真的完全没有考虑过终身学习。然而事实证明，我试图在孩子们身上实现的，是培养一种更接近成人学习者的学习氛围和学习态度。我无意中与诺尔斯早已探索的一个想法不谋而合：也许自我导向式学习，即教师作为引导者而非指挥者的学习方式更适合我们。

第四部分

面向未来的教育

既然我们无法准确预测现在的年轻人在十年或二十年后需要学习什么，那么此刻教会他们什么就显得不那么重要了。重要的是他们能够自主学习，并且尽可能公平地享有全世界的优质教育资源。在技术的助力下，教育将会拥有一个更具包容性和创造性的未来。

01
拥抱不确定性

我听到过一个了不起的设想：全世界在今年开始上小学的儿童中，65%的人最终将从事目前尚未出现的职业。

这个预测虽然无从考证，但它的提出者却是一位德高望重的权威人士——杜克大学教授凯茜·戴维森，她同时也是麦克阿瑟基金会主办的数字媒体与学习竞赛联合主任。[1] 而且，当我们从对这一庞大数字的震惊中缓过神来再看这一预测，它似乎就显得完全合理了：20世纪60年代的小学生根本无法预见20世纪七八十年代创造就业和经济增长的热点将诞生于个人计算机产业的各个方面。而在伍德斯托克时代，这个产业还不存在。在更近一点的20世纪80年代,还没有人计划利用互联网谋生,因为互联网除了存在于DARPA(美国国防部高级研究计划局)阴暗而机密的走廊里,在其他地方根本不存在。更近一点,又有多少孩子、老师或家长能意识到,小萨莉最终可能会从事先进的基因组学工作,而约翰尼成为社交媒体领域的企业家,塔比莎成为云计算领域的工程师,佩德罗则为iPhone(苹果手机)设计应用程序呢?

在十年或十五年前,没人能够预见人类今天的发展,然而鉴于变革的自我反馈并不断加速的趋势,可以肯定的是,十年后的今天将会出现更多的惊喜。没有人有足够的智慧能够预测明天会发生什么,也没有人知道下一个小时、下一分钟或下一纳秒即将发生的事,更不用说十几年以后的事了。

改变是必然的,而未来如何变化又是完全不确定的,这对教育方式产生了深刻而复杂的影响。但对我来说,最核心的观点是显而易见的:既然我们无法准确预测现在的年轻人在十年或二十年后需要学习什么,那么我们教给他们什么就不那么重要了,重要的是他们如何学会自主学习。

当然,孩子们需要学好基本的数学和科学知识;他们需要了解语言是如何运作的,以便能够有效而细致地进行沟通;他们应该对历史和政治有一定的了解,这样才能在世界上找到归属感；他们应该对艺术有一定的了解，这样才能欣赏人类对美的追求。然而，除了这些基础知识，教育的关键任务是教会孩子们如何学习，引导他们渴望学习，培养他们的好奇心，鼓励他们去探究，并帮助他们树立信心，这样他们未来就会拥有一些工具，以便为我们尚不知道从何提出的众多问题寻找答案。

从这个意义上来看，传统教育强调死记硬背、灌输概念，以及"一刀切"的课程安排，一切以考试为导向，显然已不再符合我们的需求。在这个需要前所未有的灵活性来应对前所未有巨大变革的时代，传统教育已然显得刻板而脆弱。当我们的世界日益紧密相连，呼唤更多思考者、创新者，以及更多的包容精神时，传统教育却在继续扮演阻碍甚至排斥的角色。在全球经济陷入困境时，传统教育机构却对现成的技术解决方案视而不见（或者说，在可悲地抵制），这些解决方案不仅能让教育变得更好，而且更经济实惠，还能惠及更多地方的更多人。

在接下来的篇幅中，我将为教育构建一个与众不同的未来——一个更具包容性和创造性的未来。有的人可能会觉得我的愿景是一个奇特的混合体，因为我所提出的观点有些是非常新的，有些则是非常旧的；有些是基于最近才出现的技术，而有些则可以回溯到关于孩子们究竟是如何真正学习和成长的古老智慧。是的，我对计算机和互联网的变革力量深信不疑。尽管我坚定主张一切向前看，但我期望的方式之一反而是回归到某些曾经以追求"进步"的名义被抛弃的旧模式和旧方法。

02
我的学生时代

我在读十年级的时候经历了一件事,对我的学业乃至整个教育理念的形成都起到了至关重要的作用。在路易斯安那州的一次区级数学竞赛中,我第一次见到了尚塔努·辛哈,也就是可汗学院现在的校长。他是一个公认的数学天才,在比赛的第五场决赛中击败了我,让我很快就认识到了自己的水平在这个领域真的不算什么。不过,比起他的实力,尚塔努还有一点让我印象更为深刻。比赛期间闲聊时,他告诉我,作为一名十年级学生,他已经在学习初级微积分了,而我当时还在学习代数2,尽管这门课已经激不起我的兴趣了。我原以为我不得不停留在代数2这个阶段,毕竟十年级的学生只学到这里，没什么讨论的余地。而尚塔努告诉我，他已经通过了代数考试，因此被允许提前学习更高阶的数学课程。

"通过测试"，真是个好主意。我以前根本不知道有这种东西存在，尽管这是个只需稍加思考就会觉得非常有道理的好东西。如果一个学生能够证明自己熟练掌握了某套理念和流程，为什么不让他继续学习更高阶的内容呢？

回到自己的学校后，我满怀激情和希望，向学校领导提出了跳级测试的要求。我的提议立刻被一个无聊且老套的观点否决了：一旦我们给你开了这个先例，我们就得允许所有人都有这样的机会。

在那个年纪，我和大多数同龄人一样以自我为中心，对其他孩子做些什么毫无兴趣，只关心自己被剥夺了什么，所以我闷闷不乐，故意表现得不好（尽管我当时是一个重金属乐队的主唱，这让我得到了一些情感上的释放）。然而，随着时间的推移，一个更广泛、更具颠覆性的问题开始在我的脑海中萦绕，并最终成为我最基本的教育信念之一：如果孩子们可以按照自己的步调学习，如果这样他们会更快乐、更有成就感，为什么不能允许每个人都这样做呢？

这有什么坏处呢？如果让孩子们跟随自己的直觉，在力所能及的情况下接受新的挑战，他们不就能学到更多的东西，能更好地培养好奇心和想象力吗？如果学生能够提前毕业，不正好可以腾出稀缺资源给需要的学生吗？诚然，这种方法需要更大的灵活性，需要更密切地关注每个学生的个性化学习需求，当然还有一些技术和后勤上的障碍需要克服，还有一些长期养成的不良习惯需要改变。但归根结底，教育究竟是为谁服务的呢？是为了让校董会和副校长能继续待在他们的舒适区，还是为了帮助学生成长为有思想的人？

回想起来，我觉得正是那句愚蠢而又令人愤怒的"一旦我们给你开了这个先例，我们就得允许所有人都有这样的机会"，坚定了我对自步学习的决心，并启发了我着手努力让自步学习对每个人来说都成为可能。

最终，我得以选修我想上的数学课——只不过是通过规避（从某种意义上说是违背）现有制度才达到的。我开始在当地一所大学修读暑期课程。然后，我就学的高中才"批准"我选修基础微积分课程，这是他们开设的唯一一门微积分课程。我得到了一本更高阶的教材，开始自学。高三那年，我在新奥尔良大学度过的时间比在自己高中度过的时间还要多。我很幸运，出生在一个非常重视教育的家庭和社区。我的母亲支持并鼓励我为了规避教育系统中的某些限制而付出努力。但是，有的父母并不那么关心、害怕惹麻烦或根本不知道如何帮助自己的孩子，那么这些孩子又该怎么办呢？当这些孩子的潜能和求知欲被当前的教育系统逐渐削弱直至耗尽，这将带来怎样的后果呢？

如果说高中让我明白了自主学习和自步学习的重要性，那么大学则让我认识到标准化广播式讲座的低效率、不切实际甚至缺乏人性关怀的一面。

刚到麻省理工学院时，我被周围的聪明人吓到了。在我的大一同学中，有的曾代表美国或俄罗斯参加过数学奥林匹克竞赛。我的第一个物理实验课老师是一位因实验验证了夸克的存在而获得诺贝尔奖的教授。每个人看起来都比我聪明。除此之外，那里还很冷！我之前从未见过雪，也从未感受过查尔斯河畔的寒风。幸运的是，我周围还有几个来自路易斯安那州的孩子，其中一个就是尚塔努，他现在已经从我高中时期的熟人变成了我的好朋友和大学室友。

在逐渐适应了麻省理工学院的日常学习生活之后，我和尚塔努开始不约而同地得出了一个具有颠覆性但又越来越显而易见的结论：那些冗长的讲座是对时间的巨大浪费。300名学生挤在闷热的阶梯教室里，一位教授滔滔不绝地讲着他已经背得滚瓜烂熟、讲过上百遍的内容。60分钟的讲座已经够糟了，90分钟的讲座简直就是折磨。这有什么意义呢？这是教育还是耐力竞赛？有人真正学到了什么吗？学生们为什么还要来上这些课呢？尚塔努和我对此提出了两个基本理论来解释：学生们去听讲座，要么是因为他们的父母支付了一定的学费，要么是因为许多授课教授是学术界的名人，所以其中也包含了作秀的成分。

尽管如此，我们还是注意到，许多每次都虔诚听讲的学生，也正是在考试前一晚拼命补习的学生。为什么会这样呢？在我看来，原因就在于，在补习阶段之前，他们都是被动地学习这门课的知识。他们只是老老实实地坐在课堂上，淹没在各种概念里；他们指望知识自己渗透进他们的大脑，但结果并不尽如人意，因为他们从未真正投入其中。说白了，不怪我的同学们会陷入这种境地；作为勤奋的好学生，他们相信这套方法，毕竟，这是规定的方法。不幸的是，正如我们在讨论注意力持续时间和主动与被动学习时所看到的那样，这种设定好的学习方法完全不符合人类的实际学习能力。

我和尚塔努很快就发现自己成了麻省理工学院一个人数虽少但引人注目、略有恶名的亚文化群体的一员——逃课党。我不建议每个人都这样做，但这对我们来说很有用。当然，逃课很容易成为不好好学习或混日子的一种借口。但老实说，对我们来说这似乎是一种更有成效、更负责任的时间利用方式。如果当时有在线视频和互动测评，那么被动地听一个半小时的讲座与主动阅读课本相比，哪一个学到的更多呢？观看教授的演示与自己推导方程式并编写软件相比，哪一个让我们更充实呢？尽管只是大一新生，但我们已经发现逃课是有效的，我们不需要在期末临时抱佛脚，也不用担心在考试中解题，因为这正是我们平时一直在做的事情。

我们很快结识了一些高年级的学生，他们每学期要修八九门课（大约是麻省理工学院本就紧张的课程量的两倍），他们还向我们提出挑战，要求我们也选修额外的课程。毫无疑问，这些人都很聪明，但并不是天赋异禀；事实上他们的观点是，我们任何人，不只是麻省理工学院的学生，而是所有高中和大学的学生，都能够应付两倍的课程量，只要我们避免浪费时间，而专注于那些真正有助于学习的东西。这并没有什么神奇之处。这世上本没有通往学业成功的捷径，它需要自律和努力，而且是相当大的努力，但关键还是要高效、主动和自主地学习。

我想在这里花一点时间来认真考虑一下这个有点激进的想法，它与我自己的信念完美契合，并最终反过来帮助我形成了我的教学和学习方法。人们究竟能不能学到一般人所期望的两倍的知识？这听起来很有野心……但为什么不试试呢？正如我们在谈论普鲁士教育模式时所看到的，教育者最初的目标并不一定是培养出最聪明的学生，而是要培养出顺服的、标准化的公民，也就是掌握足够多知识的工薪族。为此，人们关注的不是学生能学到什么，而是他们必须学到什么。

现在，我并不是想向当代教育工作者详细阐释普鲁士教育模式的动机。我想说的是，从18世纪延续下来的一些习惯和假设仍然在引导和限制学生们的学习。传统课程不仅告诉学生从哪里开始，还告诉学生在哪里停止。一个系列的课程结束了，这个科目也就结束了。为什么不鼓励学生走得更远、学得更深、学得更多呢？也许与我们认为完成70%就是及格的想法出于同一个原因，我们的标准太低了，我们对"失败"如此胆怯，以至于最终淡化和贬低了"成功"的想法。我们通过降低对学生的期望，来给他们能够达到的范围设限。

话说回麻省理工学院。我和尚塔努确实承受了接近双倍的课程压力，我们都以高平均学分绩点毕业并获得了多个学位。这并不是因为我们比同龄人更聪明或更勤奋，而是因为我们没有浪费时间坐在课堂上被动地吸收知识。我认为麻省理工学院是一个神奇的地方，那里充满了富有创造力的人，他们做着令人惊叹的事情。此外，麻省理工学院还非常有远见地让学生选修他们想选的课程。因此我的批评并不是针对麻省理工学院，而是针对那种被动听讲座的旧习惯。

如果把这种学习方式换成积极主动的学习方式，我相信大多数人，甚至很有可能是所有人，都有能力掌握更多的东西。通过自步学习、导师指导和亲身体验，我们可以走得更远、效率更高。如果我们能自主地为自己设定目标，我们就能实现更远大的目标。

03

混龄教学

如今，大多数受过教育的人都是与同龄孩子一起入学，然后在小学和中学阶段，甚至在大学和研究生阶段，都与同龄人在同一年级。这种按出生日期将孩子们分组，然后逐级升学的基本模式，已经成为传统教育的一个基本特征，人们似乎都觉得这是理所当然的。但我们应该去批判性地思考这种制度的合理性，因为它的影响是巨大的。

首先，我们要记住这种按年龄分组的模式并不是一直存在的。就像我们教育习惯中的其他东西一样，它是一种人为建构的框架，是对特定时间、特定地点、特定条件的一种回应。在工业革命之前，把学生按年龄分组的做法是非常罕见的。因为当时大多数人都住在农场里，人口分布非常分散，这样做并不现实。随着工业化的到来，城市化也随之而来，新的人口密度为多教室学校创造了条件。孩子们需要以某种方式进行分班，而按年龄分班似乎是一个合乎逻辑的选择。但是，按年龄分班也会带来一系列问题，这些问题事实上是一把双刃剑。

我不想再挑普鲁士教育模式的毛病，但正如我们看到的，这种模式主要建立在将人类知识划分为人为设定的、受特定规则限制的一个个小模块的基础上。人类思想中浩瀚无垠的领域被分割成独立的科目。每天的上课时间被严格划分为几个时段，下课铃一响，讨论和探索也就戛然而止。按年龄对学生进行严格分组，便于将原本完整的教育切块、分割，从而加以控制。

可以说，这种按照年龄划分所产生的影响是深远的，因为它允许制定一套固定的课程，最终形成了一种武断但被广泛接受的标准，即孩子们在特定年级只能学习特定内容。对孩子的期望按照相同的步调增加，仿佛所有8岁、10岁或12岁的孩子都是毫无区别、可以互换的。一旦孩子们按年龄分组，学习目标就变得明确了，测试也简单明了。这一切看起来都相当科学、先进，对管理者来说也很方便。但是，人们却很少甚至根本没有注意到在这个过程中失去了什么。

显而易见的是，把孩子按年龄划分是一种违背自然的做法。家庭不是这样运作的，世界也不是这样的，这种分类方法与人类历史上大部分时间里孩子们学习和社交的方式背道而驰。即使是《米老鼠俱乐部》也有不同年龄段的孩子，任何一个和孩子相处过的人都会告诉你，不同年龄的孩子混在一起，对年幼和年长的孩子都有好处。大孩子会对小孩子负责（我甚至在我3岁的孩子和1岁的孩子之间也能看到这种情况，相信我，这是件非常了不起的事情），年幼的孩子尊重年长的孩子，并以他们为榜样。每个人似乎都表现得更加成熟，不管是年幼的孩子还是年长的孩子，都表现得很出色。

而按年龄划分的做法，会让每个孩子都失去一些东西：年幼的孩子失去了英雄、偶像和导师，或许更糟糕的是，年龄较大的孩子被剥夺了成为领导者、承担责任的机会，结果变得更加幼稚。

让我们来思考一下。近年来，人们对当代青少年的精神状态忧心忡忡——从纽约到柏林再到巴林，这种精神萎靡不振的现象似乎比比皆是，其症状从单纯的懒散一直到自杀都有。我认为，至少有相当一部分问题是我们没有赋予青少年真正的责任。是的，我们用要求和竞争给他们施加压力……但这只是针对他们自己：我们剥夺了他们指导或帮助他人的机会，从而导致了他们的孤立和自我封闭。从生物学角度讲，孩子们在 12 岁左右开始长大成人，那时他们已经具有生育能力了，虽然我并不提倡青少年为人父母，但我相信，如果青少年没有做好为他人负责的准备，大自然就不会让他们为人父母。高中生是正在成长中的成年人，但我们却把他们狭隘地局限在同龄人的范围内，只用对自己负责，既然我们只把他们当成孩子，那么他们就会一直是个长不大的孩子。

基于上述原因，我认为未来的学校应该改变课堂环境，不同年龄段的孩子应该混在一起学习。如果没有了广播式讲座和一刀切课程的束缚，这种做法是完全可行的。有了自步学习作为基本教学模式，就没有理由把孩子们按年龄分班，更没有理由根据他们的潜力来"分类"。年龄较大或成绩较好的学生可以成为教师的盟友，他们可以指导落后的学生。年龄较小的学生也会因为有一群榜样、大哥哥和大姐姐而受益。年长的孩子在向年幼的孩子解释概念的过程中，也会更精确、更深入。没有人仅仅是学生，每个人都是老师，值得尊重。而教室也不再是一个与外界隔绝的象牙塔，而是更接近于真实世界，从而更好地为学生在那个世界中发光发热做好准备。

混龄教学的理念并非一种不切实际的幻想。美国最好的学校之一——洛杉矶的一所女子预科学校马克堡学校，就已经在试验这一理念。不久前，我认识了他们的一名学生尹迪亚·雅菲，她赢得了一项名为"盖林奖"的作文比赛，比赛要求学生写一篇关于他们想见的某个人的文章。而她写的竟然是想见到我，我只能认为这是一个十几岁孩子的错误判断。

于是，尹迪亚、她的父亲和马克堡学校数学系的系主任克里斯·塔龙博士前来拜访我。除了谈论教育和数学，塔龙博士还表示有兴趣与可汗学院合作。我说，如果他们愿意推陈出新，即利用可汗学院来开设一门不按年龄分班的数学课，那么我愿意合作。他们一致认为这值得尝试。于是，我们设计了一门涵盖范围广泛的课程，使用可汗学院的视频课程和反馈软件，由塔龙博士授课，面向从代数预科到微积分后期等各个数学水平的学生。遵循的基本原则是课程内容至少要与马克堡学校普通班和优秀班的数学课程内容一样严谨，这样每个年级完成学业的学生都能为她们数学课程的下一阶段做好充分准备。

截至撰写本书时，这个班已经开课六个月了，我们的所见所闻证明，这是一门神奇的课程。七年级的学生与十二年级的学生一起学习，每个人都专注于自己需要学习的内容。她们可以在需要的时候与同龄人交流或向老师求助，女孩们学到了更多的知识，压力也减轻了。有人告诉我，最大的问题反而来自没能参与试验的女孩们所表达的遗憾。

04
教学是一项团队活动

传统的课堂教学是世界上最寂寞的工作之一。在孩子们的簇拥下，教师就像海湾中的一块孤石。当然，教师可以在办公室里喝杯咖啡，简短地聊聊天……但当教师真正在工作时，他却是孤身一人：没有同伴的支持，没有人可以商量，没有人可以寻求帮助或肯定，没有隔壁工位的朋友可以分担压力，没有另一双眼睛来处理正在进行的实际课堂中令人眼花缭乱的外围事务。

我们应该改变这种现状，这样老师们才能既得到实际的益处，又获得情感上的满足——相互帮助，必要时相互依靠，指导同事的同时也接受同事指导，而这是几乎所有其他职业都可以获得的。

作为混龄班的一个附带建议，我还提议在合并教室的同时，保持学生与教师的比例。既然学生们都能按照自己的节奏学习，我们就不必人为地将教室分开，让学生们只听一个老师讲课。明确一下，我并不是建议单纯减少或增加教师岗位，但与其让三四个独立的班级里每个班只有一名老师独自带 25 名学生，还不如将 75~100 名学生放在一个班级里，由三四名老师共同教授。在我看来，这样做有几个明显的好处，而这些好处都源于这种教学体系中灵活性的增强。

在只有一名教师的课堂上，你所能得到的只有一名教师带来的单一教学资源。单一教师所能运用的教学技巧是有限的，而在一个有多名教师的班级里，可供选择的方法就会成倍增加（实际上是阶乘级增加，你懂的）。在适当的情况下，教师们可以协作教学。例如在辩论中代表不同的立场，或与不同的小组合作开展项目建设。在其他情况下，某位教师可能在某一主题上有特长，可以单独开展这部分内容的教学。同样，考虑到每个人都需要休息时间，团队中的教师可以很容易地实现岗位轮换，从而避免了因为请代课老师而导致的混乱和低效。

从最基本的角度来看，教育是一项复杂而多层次的工作，因为每个人都有长处和不足，所以采用多名教师的教学安排将为每位教师提供专注于自己最擅长的领域的机会。此外，因为教学和学科探究都没有唯一正确的方法，因此，学生可以接触到许多不同的、有细微差别的观点。这将有助于他们成为批判性思考者，并更好地为应对充满不同观点和意见的世界做好准备。

无论是从情感还是教学层面来看，采用多名教师授课都是合理的。由于人类个性的神秘性，一些学生和一些老师总会格外亲近，而这会成为他们之间深厚情感纽带的基础。多教师课堂则提供了更多机会，让这种奇妙的亲近感得以发生。

最后，我相信多名教师授课机制将有助于解决教师职业倦怠这一问题。为教师提供更多职业伙伴和及时的同伴支持，可以减轻他们的工作压力。与其他领域一样，教师们现在可以相互观察、互帮互助。年轻教师可以向经验丰富的教师学习，年长的教师可以从年轻教师那里汲取活力和新思想。教师的工作不再是孤立的，每个人都将从中受益。

谈到团队合作，你是否注意到，有些孩子往往讨厌他们的老师，却崇拜他们的教练？

表面上看，这种情况颇为荒谬。教师和教练都是来帮助学生的，他们都要求学生克服困难，经常要求孩子们做一些他们非常讨厌做的事情，比如推导方程或冲刺跑。然而，学生对老师的态度往往是敌对的，对教练的态度则是热情的、配合的。为什么会有如此明显的差异呢？

其中一部分原因很简单，教师代表了学生必须做什么，而教练则代表了学生选择做什么。但我认为，仅凭这一点并不能完全解释这种对立。孩子们崇拜并服从教练的很大一部分原因是，教练会明确、坚定地站在学生这一边。教练的使命是帮助学生们成为最好的自己，让他们体验胜利的快感。在团队运动中，教练给学生们灌输原始的、狩猎部落般的精神和专注力；在个人体育项目中，教练即使不是唯一的盟友，也是主要的盟友。孩子们赢了，教练会和他们一起庆祝；孩子们输了，教练会安慰他们，并帮助他们从失败中吸取经验教训。

相比之下，在许多学生看来，教师并没有站在他们一边。他们不认为教师是在帮助他们做好与对手竞争的准备，而是把教师视为敌对的一方，认为教师会把繁重的作业和毫无逻辑的公式扔给他们，以确保他们没有空闲时间，让他们难堪。这种看法公平吗？当然不公平。大多数教师对学生的关心并不亚于教练。那么为什么会出现这种情况呢？

这种情况之所以发生，是因为教师被迫按照既定的节奏拖着学生走，在这个系统中，评估机制是被用来给人贴标签的，而不是用来帮助学生掌握能让他们在竞争激烈的世界中取得成功的概念知识。让我们正视这一点——教师和教练一样，都在为孩子们迎接激烈的竞争做准备，只是这个信息很少被明确表达出来。

事实上，唯一的办法就是明确指出，课堂里发生的一切不过是在为外部世界的真正竞争做准备。考试不是为了给你贴标签或者羞辱你，而是为了提高你的能力。当你发现自己的不足时，并不意味着你很笨，而是意味着你有需要努力改进的地方。老师会优先帮助你弥补这些薄弱环节，并不会人为地把你推向下一个对你而言更加困难的学习主题。老师就像教练一样，会向你强调做一件事就一定要精通，仅达到合格的水平是不行的，因为他们希望你成为最出色的思考者和创造者。

05
有序的混乱是件好事

想象一下一个完美的传统课堂：课桌排列整齐，就像国际象棋棋盘上的棋子；学生们整齐地摆放笔记本；铅笔整齐划一，就像小提琴的琴弓一样。所有人的目光都集中在教室前面的老师身上。除了老师用粉笔敲击黑板的"嗒嗒"声，教室里鸦雀无声。这样的氛围庄重而得体……就像一个葬礼。

在我看来，理想的课堂与如今的课堂将大相径庭。

正如我之前提到的，我会把多达100名年龄各异的学生集中在一起，他们很少会同时做相同的事。在这所设想中的学校，有的角落可能会非常安静，适合个人自习；而有的地方则会热闹非凡，充满小组成员的讨论声。

在某一特定时刻，大概会有1/5的学生在进行计算机课程的学习和练习，目的是深入、持久地掌握核心概念。请允许我稍作停顿，强调一下这个数字：1/5的学生。换句话说，每天只有1/5的时间，也就是一到两个小时，用于学习可汗学院的课程（或者其未来的版本），以及可能引发的同伴间辅导。因为以精熟为目的的自步学习方式能大大提高效率，所以学习一两个小时就足够了，这应该能缓解那些恐惧现代科技的人的顾虑，他们担心依赖技术的教育意味着孩子们会整天麻木地坐在电脑屏幕前。而那既不是事实，也没有必要担心。一两个小时已经足够了。而且，正如我们已经讨论过的，在这段不算长的时间里，还包含了大量同伴辅导以及与教师一对一的时间。

让我们再来看看其他学生的情况。在100名学生中，有20名正在使用电脑，我们团队中的一名教师在他们中间巡回指导，回答问题，并随时解决出现的困难。反馈和帮助几乎是即时的，除了老师，这20名学生还可以得到同伴一对一的辅导和帮助，这正是混龄课堂的核心优势所在。

那剩下的80名学生呢？

我可以看到（并且听到！）一个小组正热火朝天地学习着经济学，并尝试模拟市场环境。他们用一种棋盘游戏来辅助学习，就是那种我们在夏令营中用过的效果很好的棋盘游戏。我还会分出另一个小组，制造机器人、设计移动应用程序，或测试各种新颖的太阳能捕获方法。

学生可以在一个安静的角落或房间里进行艺术创作或创意写作，不那么安静的角落则留给那些创作原创音乐的学生。显然，如果团队中有一位教师对这些领域抱有浓厚兴趣并能将其关联起来，这将会给学生带来极大帮助。

最重要的是，这种教学安排将为所有学生的开放式思维和创造力开辟空间并提供时间。在今天的学校里，我们不难发现那些"与众不同"的学生，他们常常被忽视、误解、疏远，或者干脆被僵化的标准课程抛在后面。我说的是那种被证实了很出色，但在某些时候却看起来很迟钝的孩子，或者是那种兴趣偏好特殊，班上其他同学根本没有时间或兴趣去了解的孩子。有的孩子对立体几何着了迷，下课了还不愿意放下，而是想自己推导出方程，弄清其中的含义。或者，有的孩子最开心的事情是绞尽脑汁去想一道可能根本没有解的数学题，有的孩子则想在工程学领域中提出一种从未尝试过的新方法。

这些充满求知欲、神秘感和独创性的头脑往往最终会对我们的世界做出重大贡献。然而，要充分发挥他们的潜能，我们需要放手让他们去走一条独一无二的、非标准化的道路。在"一刀切"

的、像个盒子一样四角封闭的传统教室里，这种自由度几乎不存在，而且"与众不同"通常被当作一种负面因素。这些学生通常只是没有按照普鲁士教育模式的标准来塑造自己。我相信如果我们允许，还会有更多的学生可以像他们一样。如果一所学校能让学生们每天用一两个小时的时间学习基础课程，同时留出充足的时间，让他们在一个不被铃声打断，同时能提供支持和帮助的环境中独处和思考，那么大多数孩子都能在学业、创造力和情感方面茁壮成长。教室的实际布局可以在实验中确定，理论上，甚至可以在现有教室或开放式的操场上进行。我所描述的教室与今天的教室的重要区别在于，任何墙壁都只是为了物理空间的分割，而不是禁锢学生的心灵。

06
重新定义暑假

我明白下面这个建议可能不会让我获得太多好评，但我还是要坚持提出来：如果我们要把教育带入 20 世纪，当然更不用说 21 世纪了，我们就必须从根本上重新思考"暑假"这个概念。

在所有导致当今教育效率低下、不符合我们需要的过时观念和习俗中，暑假是最不合时宜的一个。它是一个来自不复存在的世界的遗留物，是在这个已经城市化的地球上留下来的农业时代的遗迹。它只有在 1730 年那样一个农耕时代才有合理性。那个时候，家庭需要先解决温饱问题，然后才能考虑子女的受教育问题；而孩子们不分男女长幼都要下田劳作。然而，教育界是否有人注意到，至少在工业化国家，在过去的一两个世纪，世界早已发生巨变？

按照目前的设想，暑假是对时间和金钱的巨大浪费。在世界各地，价值数百亿、数千亿美元的教育基础设施，包括校舍、实验室和体育馆，是严重利用不足甚至处于空置状态的。教师不教书，行政人员不管理，当然，最糟糕的还是学生不学习。如果暑假对学习的影响仅仅是令其暂停下来，那也已经够糟糕的了。即使只是暂停，也会带来负面影响，因为学习的连续性会被打破、学习的动力会随之丧失。我们都知道，一直持续蹬自行车比停下后重新开始蹬要容易得多。学习的过程又何尝不是这样呢？

然而事实上，暑假最严重的弊端不仅仅是让孩子们停止了学习，而是他们几乎立刻就开始"反向学习"。正如我们在之前关于神经科学的简短讨论中所谈到的，我们所谓的"学习"过程与大脑中新蛋白质的合成和新神经通路的构建有着物理上的关联。这些通路通过重复和联想得以强化，也会因不使用而被削弱。如果长期不使用，这些神经通路最终就会完全失效。我们所说的"反向学习"就是曾经存在的神经通路逐渐退化。如果让一个孩子休息十周，那么可以毫不夸张地说，他以前掌握的代数知识将完全从他的大脑中消失，并被重新吸收到他的血液中，这对于他解二次方程或掌握后面的概念毫无益处。

在被批判成彻头彻尾的"反假期恶魔"之前，请允许我申明一点，我并非不会欣赏暑期的美好，也不是否定校外生活时光的价值。在学校不上课的时候，有许多学习和充实自己的机会。富裕的家庭可以带着孩子去旅行，拓宽他们的视野，让他们领略更广阔的世界。一些幸运的孩子可以参加价格不菲的夏令营，在轻松愉快的氛围中学习到一些新东西。各个经济阶层的孩子都可以开展一些不寻常的、独特的项目，这些项目在传统的学年里根本没有时间去做，但往往会给他们带来丰富、难忘的经历。

我还清楚地记得，有一年夏天，我和一个朋友一起捡拾废弃的自行车零件，然后拼装成一辆辆"科学怪车"。我们计划把它们卖掉，但我们的怪异作品无人问津。不过，我使用扳手的技巧变得相当娴熟，同时我也学到了一个宝贵的教训：以后我如果要从事某项产品的工作，一定要先深思熟虑，以免再做出没有需求的产品。

撇开这些田园诗般美好宁静的时光不谈，现实情况是，暑期中绝大多数能用于学习的时间都被浪费了。孩子们一边看电视或玩电子游戏，一边等着父母下班回家。虽然有些孩子会看书，但大多数孩子是不看的。至于真正的学习，又怎么可能呢？上一年的教科书已经退还，老师都不在身边，学生无法获得反馈，学校大门紧锁，大脑也就进入了停滞状态。

那么，未来的学校应该如何面对暑假带来的种种问题呢？

我更倾向于用一种永久性的学校体验来取代暑假，在这种体验中，只要有需要，随时都可以放假，这与公司的做法并无太大区别。如果学生在混龄班里，根据自己的进度学习，那么在升入"下一个"年级时就不会再有人为的停顿点。如果你的家人想去欧洲旅行，或者有客人来你家过节，或者你想创业，这都不是什么大问题，请假就可以了。你不会"缺课"，因为你在按照自己的节奏学习。更妙的是，你还可以在旅途中进行大量学习，因为可以随时观看自定步调的视频，随时进行练习。同样的灵活性也适用于教师：多名授课教师的教学环境让教师们可以在一年中错开休假，没有人会被要求放弃休息时间或旅行时间，而这些都可以在不关闭整个教育系统的情况下进行。

但好吧，我是一个实用主义者，我明白暑假这个教育体制中最神圣的存在之一，在大多数学校不会很快消失。幸运的是，基于计算机的自步学习可以解决暑假带来的众多问题。

首先，像可汗学院提供的这种基于互联网的课程随时都可以访问。毕竟互联网不会在夏天关闭！有学习主动性的孩子可以继续预习和复习。他们的思维保持着活跃，他们的神经元持续兴奋着。

当然，这会涉及教师如何提供帮助和反馈的问题。正如我们在讨论洛斯阿尔托斯试点项目时看到的，可汗学院在经验丰富的任课教师的帮助下，开发了一个复杂的反馈仪表盘，为教师提供有关学生的学业进展和困难的实时信息。该仪表盘不会受限于教学楼。理论上，教师们完全可以在暑期继续监督学生的作业并担任在线导师。这基本上是"暑期学校"的升级版，但成本远远低于现有版本，而且学生和教师都具备更大的灵活性。

07

成绩单的未来

考虑到我们生活在一个竞争激烈、相互联系日益紧密的世界，考虑到最好的学校总是供不应求，我们如何决定谁能去美国的哈佛大学、英国的牛津大学或德国的海德堡大学，抑或是进入中国台湾、意大利博洛尼亚或巴西圣保罗的顶尖大学呢？

既然没有足够的资源让每个人在第一选择的职业中继续接受研究生培训，那么我们该如何决定谁能成为一名医生、建筑师或工程师呢？

考虑到最理想的职位总是会有很多候选人，我们如何决定谁能得到这份工作或晋升机会呢？谁应该成为领导者，以其出色的技能和品格影响众人，带领大家共创美好生活呢？

这些都是令人困扰的问题。随着学校申请越来越不受国界限制，随着企业在全球范围内寻找最优秀的人才、最有创造力的思想家和最有干劲的员工，这些问题将变得更加棘手。申请者在不同的文化背景下成长，说着不同的语言，经济状况也大相径庭，这些因素反过来将决定他们可能面临的机遇。而当这些机遇最终将决定他们是富裕还是贫穷时，你该如何将他们区分开来？如何确定哪些学术或个人标准才是真正重要的成功因素？秉持公平和实用性准则，你会如何在众多候选人中做出选择呢？

传统教育对这些问题的考虑远远不够，更不用说解决了。

传统学校如何评价学生？第一种方式当然是字母等级。还有比这更不精确、更没有意义、更任性的吗？众所周知，所有学校都有"简单分数"和"困难分数"。如果一条走廊或一排储物柜两边的标准都会有很大差异，那么各州或全国的标准又会多复杂呢？然而，字母等级正是排名的起点。GPA（平均学分绩点）是一个听起来严肃客观的统计数字，与之结合在一起，字母绩点就有了一种看似合法的地位，其决定性的力量远远超过了其可靠性。如果说单项成绩是朦胧的、主观的，那么我们凭什么认为综合成绩会是精确的、科学的呢？GPA充其量只是一个评判标准。诚然，它可以让我们大致了解一个学生是否到校上课、参与学校活动和参加比赛，但如果认为仅凭 GPA 就能对一个学生的智力或创造力下定论，那就太盲目、太愚蠢了。难道 GPA 为 3.6 的人就一定比 GPA 为 3.2 的人对世界的贡献更大吗？我不敢苟同。

还有从三年级一直到研究生阶段都要参加的标准化考试。正如我说过的，我并不反对考试。我认为，构思精巧、设计合理、管理公正的考试是我们为数不多的真正可靠和相对客观地反映学生学情的数据来源。但请注意，我说的是当前学情，而不是潜力。经过精心设计的测试可以对学生已经学过的知识给出一个相当可靠的评估，但对其有能力学习的内容只能给出一个不精确的描述。换一种说法，考试往往测量的是信息的数量（有时是知识），而不是思维的质量，更不用说品格了。此外，尽管考试分数力求精确和全面，但它们很少能识别出真正显著的能力。如果你是加州理工学院的招生办主任，或者是苹果公司负责招聘工程师的主管，你会看到很多 SAT 数学考试满分的应聘者。这说明他们都是相当聪明的人，但分数并不能告诉你谁才是真正与众不同的人才。

许多学校和雇主默认成绩和考试不足以衡量申请人的能力或价值，因此也将课外活动、第三方推荐和申请人撰写的论文作为选拔过程的一部分。从原则上讲，这是一件好事，因为它超越了个人陈述，并寻求对有血有肉的申请者的深入了解。然而，显而易见的是，这种游戏规则有利于那些了解系统运作的人。这些人往往来自受过教育、关系良好或富有的家庭。医生、教授和工程师的子女有更多机会找到导师指导他们从事的研究工作。如果学生的父母、兄弟姐妹或表兄弟姐妹曾接受过选拔性教育项目培训，他们就会得到如何优化自己机会的指导。与来自蓝领家庭的学生相比，如果学生的家庭朋友中有人是首席执行官和立法者，那么他们的推荐信往往会更具有说服力，且更令人印象深刻。这些信息在反映申请者本人的情况方面有什么重要意义吗？即使是所谓的个人陈述，来自富裕家庭或有深厚背景的家庭的学生有时也会得到高薪聘请的顾问和咨询师的帮助……他们会告诉这些学生如何让自己的陈述听起来真诚！我们只能祝福面试官好运，早已疲劳不堪的面试官还要仔细甄别申请者所提交的材料中哪些是真挚诚恳的陈述，哪些是虚假的一面之词。

那么，在可汗学院的试点学校里，我又该如何评价学生的表现和潜力呢？

首先，我会完全取消字母等级评分制。在一个以学会学习为基本目标的系统中，字母等级既无必要，也无用武之地。只有当学生明确地熟练掌握了某个概念时，他们才能晋级，而这个概念可以用启发式"十连问"或改进版来衡量。在达到一定熟练程度之前，没有人会被推到前面（或落在后面），那么唯一可能的成绩就是 A。用加里森·基洛尔的话说，所有的孩子都会远远超过平均水平，这时成绩也就毫无意义了。

为了解决学生之间横向比较这一难题，我将保留某种版本的标准化测试，但会做出一些重大改变。与目前的做法相比，我会对每年的考试内容进行大幅改动，加入更丰富的任务，并尝试加入开放式的设计元素。这将限制考前准备的吸引力，进而减少来自富裕家庭的孩子所拥有的不公平优势。考试的重点也将不再是阅后即焚的快闪照片，而是在提高理解能力后可以且应该重考的知识点（卓越的学生已经这样对待 SAT 考试）。考虑到标准化考试永远不可能完美这一事实，我对标准化考试的重视程度将远远低于传统教育体系对它的重视程度。

作为替代选项，我建议将两样东西作为评价学生的核心内容：一是学生学到了什么，他们是如何学到这些知识的；二是学生有哪些个人创作。

正如我们在讨论洛斯阿尔托斯试点项目时看到的，现有技术使我们有能力以前所未有的方式跟踪学生的进步、学习习惯和解决问题的方法，为此所需的软件可以根据学校的特殊需求进行定制，且不断迭代。现有反馈是相对简单的量化反馈：学生的数学成绩如何？他在一定时间内掌握了多少概念？他的成绩是高于还是低于同龄人的中位数？

这些信息固然重要，但反馈中更有趣的是质量方面的信息。这正是有待取得巨大进展的地方——在不久的将来，这将是一幅令人兴奋的美好图景。除了计算概念和测量时间，我们还能从学生在可汗学院或其他计算机教育系统的投入中推断出什么？我们能从他们的职业道德、毅力和韧性中了解到什么？这些品格要素至少与纯粹的智力一样重要，都是成功的预测因素。约翰尼在一个问题上卡住了，他是应该绕过去以节约时间，还是坚持不懈、更加努力地学习，直到弄懂为止？莎莉在学习中经历了一段艰难且进展缓慢的时期，她会振作起来，还是会越来越灰心并彻底失去自信？七年级时，小莫看起来投入度很低，很少将时间花在学习上；到了九年级，他却愿意花几个小时上生物课。这说明了什么？这是否说明他越来越成熟，在某一个特定的领域具有天赋呢？

显然，如果仔细解读这类信息，我们就会发现学生的立体形象远比一堆字母等级和考试分数要好。它们给我们提供的不仅仅是一个应试者的形象，更是一个学习者的形象。

此外，还有一类数据在学生评估中被忽视，但在大学校园或工作场所特别引人注目，如帮助他人的能力和意愿。

在我设计的大班和混龄班的学习环境中，同伴辅导发挥着重要作用。在每个学生的教育过程中，都应该提到这一点，不仅要记录和尊重为自己付出的时间和努力，还要记录和尊重为他人付出的努力。我们可以很容易地开发出跟踪这方面表现的软件，我相信这些数据会很有价值。一个慷慨的学生往往会成长为一个慷慨的同事。一个在学校里善于沟通的人，很可能在生活中也善于沟通。善于向他人解释概念的人一定是已经深刻理解了这些概念。

如果我是一名招生官员或人事主管，我很想了解一下应聘者乐于助人、乐于奉献的倾向，在追求个人目标的同时追求社区或团队整体利益的倾向。如果能为每名学生创建一本历时多年并以数据为基础的文字记录（出于隐私保护，只提供给学生求职的目标对象），那么这份数据将对申请者如何在求职单位发挥作用和做出贡献提供一个令人信服的、多方位的预览。

由此，我想到了将个人创作作为学生成绩单核心部分的想法。每个人都开始认识到，好奇心和创造力比只精通某一科目更重要。然而，除了少数艺术院校，很少有院校会考虑申请者的创作成果。这种做法是非常错误的。首先，这意味着只有"艺术"才是创造性的——这种观点是狭隘的和局限的。科学、工程和创业同样具有创造性。其次，如果我们不能认真审视学生在课程和考试之外自己创造的东西，我们就会错失欣赏他们真正与众不同之处的机会。比起任何数据、成绩或评估，一个人实际的创造性产品才是他从 0 到 1 进行创造、从一个开放式问题中找到解决方案的能力的最好证明。

08
为弱势群体服务

我们再回忆一下可汗学院自成立以来的使命宣言：为任何地方的任何人提供免费的世界级教育。

诚然，这是一个相当宏大的抱负。这一想法在某种程度上源于一个事实：我是移民的孩子，我亲眼看到过孟加拉国、印度和巴基斯坦等地教育机会不足和分配不公的悲剧（卡特里娜飓风前的新奥尔良也好不到哪里去）。如果说我的国际主义观点部分源于个人的经历和情感，另一部分则源于众多国家教育水平偏低的事实。正如托马斯·弗里德曼所说，我们生活在一个"又热又平又挤"的小星球上，一个地方的问题，很快就会成为所有地方的问题。无论是金融危机、政治革命，还是新的电子或生物病毒。因此，缺乏教育，以及随之而来的贫困、绝望和动荡，不是区域性问题，而会是全球性问题。世界各地都需要具备训练有素的头脑和能带来光明未来的人。

如今已为人父，我完全理解人类把自己的孩子视为宇宙中最宝贵的东西的想法。对每一位父亲和母亲来说，孩子当然是最宝贵的，生物学已经证明了这一点。但是，这种天生的父母之爱有一个风险：有时，无论是作为个人还是作为社会，我们似乎都认为只要是为了孩子，自私一点没什么。很明显，这是不对的，我们仍然在为自己的基因和自己狭隘的家族利益服务。我们放任自己在情感正确但道德错误的路上越走越远。只要我们的孩子能接受教育，我们就不会担心其他街区、国家或大洲的孩子。但是，我们采取这种孤立主义、以自我为中心的立场，真的是在帮助我们的孩子吗？我不这么认为。我认为，我们的行为使他们生活在一个不平等、不稳定日益加剧的世界里，帮助自己的孩子更好的办法是帮助所有的孩子。

我相信，在计算机的支持下，自步学习为全世界提供了一个实现公平竞争的绝佳机会。与许多人的假设相反，它的成本非常低。它可以在数以千计的社区部署，而这些社区目前有数千万儿童根本没有接受教育的机会。如果说计算机支持的学习能够改变发达国家的教育，那么在发展中国家，它甚至有可能在更大范围内改变教育的游戏规则。用手机做个比喻，手机已经改变了世界各地人们的生活，但在发展中国家却带来了更加积极的变革，为什么呢？因为发展中国家的固定电话太少了。对于那里的大多数人来说，手机并不是一个附加设备，而是他们的全部。电话如此，教育也是如此——服务越缺乏，人们经历的改善就越具有革命性。

可以肯定的是，在世界上最贫穷、管理最糟糕的地方，开展任何形式的教育都面临着巨大的挑战。我并不认为自己是非洲、加里曼丹岛或安第斯山脉偏远乡村实地情况的专家，但我确实对南亚次大陆有所了解，我认为它可以作为一个典型，因为这里集合了各种可能出现的困难。

在南亚的许多农村地区，即使是最基本的教育条件也不具备。儿童营养不良是个大问题，在空腹或患病的情况下，他们很难学习，因为疾病会消耗体力并降低注意力。校舍少之又少，而且相隔很远，同时孩子们也没钱购买学习用品。村里孩子的认知能力差异很大，一个12岁的孩子可能在某种程度上达到了美欧中产阶层同龄人的水平，而另一个同龄的孩子甚至还没有学会阅读。

困难不胜枚举，教师严重短缺，有资格教授三角函数或物理学等相对高级科目的教师更是短缺。由于路途遥远、路况差、通信网络不畅、管理松懈、腐败或财政困难，这些地区对学校表现和教师出勤率都缺乏有效监督。据世界银行估计，公立小学中25%的教师没上过一天班，而那些上班的教师中只有50%的人真正在上课。[2] 学校也没有可靠的方法来监控学生的学习过程和进步情况，许多农村到底有没有开展教育，我们无从知晓。

这是任何教育工作者都必须面对的现实。鉴于种种原因，我相信基于软件的自步学习是改善这些地区教育状况的最好方式。

有人会问为什么？首先是成本问题，如果贫穷国家的学区连二手教科书、铅笔和黑板擦都买不起，他们怎么可能负担得起视频课程呢？而我的答案是，这些课程的基础版几乎可以免费提供。

印度人热爱宝莱坞电影，即使在最偏远的农村，也总有人拥有第一代DVD（高密度数字光盘）播放机和电视机。得益于可汗学院获得的资助，我们已经将视频课程翻译成了印地语、乌尔都语和孟加拉语（以及西班牙语、葡萄牙语和其他几种语言），并拷贝到DVD上免费发放。

诚然，仅仅让学生观看视频并不能达到理想的学习效果。仅凭DVD，学生无法完成自步练习，也无法获得大量反馈。即便如此，DVD视频课程与现有的教育方式相比还是有很大的进步。

它们的出现将改善教师短缺的状况。孩子们至少可以自主精熟学习进度。如果我们能让世界上最贫困地区的孩子也能享受到富裕地区孩子拥有的廉价的近似产品，这不就是一种胜利吗？

假设我们把目标定得更高，甚至高得离谱，比如说，我们的目标是让全世界贫困农村的孩子拥有和硅谷的孩子几乎一样的教育体验，是不是看起来很荒谬呢？但是，我相信可以做到！

我们可以试着计算一下：印度市场上出现了价格低廉的平板电脑（想想更小更便宜的 iPad），售价不到 100 美元。如果预计能使用 5 年左右，那么拥有这种设备的年成本为 20 美元。正如我已经解释过的，可汗学院的课程设计是只要学生每天花一两个小时听课和做题，就能获得所需的知识。这意味着一台平板电脑每天可以供 4~10 个学生使用。不过，我们还是采用最保守的数字：如果 4 名学生共用一台电脑，则每名学生每年的成本仅为 5 美元。抛开停机时间和病假，假设一台平板电脑每年使用 300 天，那么，每个学生每天的费用还不到 2 美分。有谁能凭良心告诉我，这超出了世界的承受能力吗？更何况，技术只会越来越好，成本只会越来越低。

实际上，仅靠廉价的平板设备并不足以再现硅谷式的虚拟教育体验。互联网连接、学生学习进度数据的收集和使用等问题依然存在。这些基础教育设施方面的挑战，在不同的地方可能会有所不同，但我想说的是，只要有一定的想象力和技术知识，应对这些挑战的成本会比人们通常认为的要低得多。

在不涉及太多技术问题的情况下，可以考虑接入互联网。宽带连接固然不错，但宽带费用相对较高，而且目前并非随处可得。现在有更便宜的替代方案，可以在设备上预装占用带宽的视频，并通过蜂窝网络传输用户数据。如果没有蜂窝网络连接，可以从个人电脑上下载有关学生作业和进度的信息，复制到驱动器上，然后传输到中央服务器。我想说的是，并非和高科技教育有关的就必须利用高科技解决，有一些混合解决方案就摆在我们面前，只要我们愿意接受。

回到成本问题，在印度，每月只需2美元就能连接蜂窝网络。因此，我们的学生人均开支现在增加到了每年11美元（每台设备每年44美元，可供4名学生共用互联网）。让我们进一步假设最坏的情况，如果无法从公共或慈善基金中获得这笔费用，那该怎么办？

当然，在印度这样的地方，穷人的教育费用可以由中产阶级和富裕阶层来承担——不是通过税收、慈善或任何强制措施，而是通过让富裕家庭本身获得更好教育待遇的方式来实现。

让我来解释一下，在大部分发展中国家，尤其是在南亚，学校不是被视为学习的地方——简陋的条件不允许——而是被视为炫耀自己知识的地方。真正的学习是在课前或课后在私人教师的指导下完成的。即使是中产阶级家庭也倾向于将家教作为必要的开支。事实上，许多教师就是通过家教赚取了接近中产阶级的收入。由于高级科目的教师供不应求，这些科目的家教也是如此。因此，教授微积分或化学的家教价格不菲。

如果为请私教的家庭提供一种基于计算机的自步学习的替代方案会怎样呢？在替代方案中，课程的价格低廉得多，内容全面得多，且设计良好，符合国际标准。这对私教来说可能是个坏消息，但对其他人来说却是个好消息。中产阶级家庭在优质教育方面的花费将大大降低。孩子们将受益于完整的、经过测试的课程，而不再依赖那些理解能力可能还达不到世界一流水平的家教。

这个系统的费用由富裕家庭支付，对穷人和目前未上学的人免费。这样做的好处是，仍在传统课堂上课的中产阶级家庭的孩子可以在清晨或傍晚使用这些设施，没有机会接受其他教育的孩子（以及成年人）可以在白天使用。

现在，作为"一刀切"做法的反对者，我并不是说这个计划在任何地方都行得通，也不是说它不能改进。但我坚信，这种基本模式为支持未来教育提供了有效的资金——为富裕阶层和中产阶级提供高质量、低成本的教育，并利用所获收入为穷人提供免费的同等服务。当然，在一个理想世界，这样的计划是不必要的，政府和社会会确保所有人都能获得优质教育。然而，在现实世界中，由于不平等的存在以及资金的严重不足和理念的严重落后，我们需要新的方法来支持和更新目前对某些人有效但对许多人无效的旧系统。以浪费数百万人的智慧为代价是令人无法接受的。

09
证书的未来

当人们谈论教育时，通常会把几个概念混为一谈。首先是教与学的理念，如何重新思考学习的最佳方式，正是本书的主要内容；其次是社会化理念，我们在讨论同伴合作和混龄课堂时也提到了这一点；最后是证书的概念，给某个人一纸证书，向世界证明他知道自己知道什么。教育的这三个不同方面被混为一谈，因为如今它们都是由同一个机构——大学来完成的。我们上大学是为了学习、体验生活和获得学位。

让我们做一个简单的思想实验：如果我们将大学的教学和认证角色分开（或脱钩）会怎样？如果无论你在哪里（或是否）上

大学，你都可以参加严格的、国际认可的评估，以衡量你对各个领域的理解和熟练程度——从量子物理学到欧洲历史，再到软件工程，会发生什么？有些评估可能是与招聘特定技能人才的雇主共同设计完成的。由于这些评估可能比许多大学的考试更加全面，因此价格可能会比较高，一次可能需要 300 美元。在此条件下，任何年龄的人都可以参加这些考试。

试想这样做的影响。大多数学生都没办法去普林斯顿大学、莱斯大学或杜克大学等全国知名的私立大学，他们也去不了加州大学伯克利分校、得克萨斯大学或密歇根大学这些知名的州立大学。绝大多数学生上的是并不知名的地区或社区学院。对来自不具代表性社区的学生来说，情况尤其如此。因为这些学校的招生更加开放，而且往往更加经济实惠（尽管它们仍然可能相当昂贵）。即使学生在这些学校获得了很好的教育，他们也处于明显的劣势。因为雇主会用学校的"入学难度"来衡量毕业生的质量，所以知名度不高的学校的学生往往无法通过简历筛选。上大学的目的是创造机会，但现实情况是，那些来自贫困家庭、全职工作且在地区学校或社区学院取得好成绩的超聪明、超勤奋的孩子，与毕业于知名度更高、选择性更强的学校的学生竞争，几乎总是会被拒之门外。

有了我们的评估（可能是微证书）——任何人都可以证明，

他们在某个特定领域的知识与拥有学位证书的人一样多。更重要的是，他们不必为了证明这一点而负债上大学。他们可以通过教科书、可汗学院或家人的辅导来做准备。因为即使是名牌大学文凭给雇主提供的信息也是有限的，所以名牌大学的毕业生也可以通过这种方式将自己与同龄人区分开来，以表明他们确实具备了高超、有用的技能。简而言之，它将使大多数学生和家长所需要的证书变得更便宜（因为它是一种不以课堂听课时间为前提的评估）、更强大——它将根据雇主认为重要的指标，告诉雇主谁最有能力为他们的组织做出贡献。

现在，我并不认为这样的评估系统将消除许多学生对大学的需求或降低大学价值。如果你有幸上了一所好大学，你就会沉浸在一个社群中，这个社群由鼓舞人心的同龄人和做出惊人成就的教授组成。你将建立一条社会纽带，这条纽带与你走向社会的第一份工作同样宝贵（无论在情感上还是经济上）。大学本身也将继续开展推动社会进步的前沿研究（本科生通常也能参与其中）。进入这类社区并在其中社交，对雇主而言是一个非常重要的信号。大学将成为类似于 MBA（工商管理硕士）的东西，大学将成为一个选项，而不再是必选项，没有大学文凭，你也可以拥有非常成功的职业生涯，但如果你能负担得起时间和金钱，获得大学文凭将是一段非常宝贵的人生经历。

这将为绝大多数没有机会进入名牌学校的学生提供机会，并改变他们生存的生态系统，因为现在他们至少有机会以自己认为合适的方式努力获得公认的证书。这个证书可以为40岁的下岗工人证明，他们仍然具备分析能力，他们的大脑还具有可塑性，可以在21世纪的工作岗位上与22岁、刚毕业的大学生并肩工作。它将使任何领域的任何人提高自己，为获得有价值的证书做好准备，而无须像今天的高等教育那样牺牲金钱和时间。

10
大学应该是怎样的

> 我从来没有让我的学校影响我的教育。
> ——马克·吐温

在最后一节中,我们探讨了如果在大学之外也能获得具有公信力的证书时会发生什么。现在我想谈谈大学教育应该如何改变以更好地适应社会的需要。这场讨论的出发点是,大多数学生对大学的期望首先是就业,其次是良好的智力体验,和大学所认同的价值(首先是积累智力知识并获得社会体验,其次才是就业)之间存在着非常严重的脱节。

指望传统大学迎合经济或就业市场的奇思妙想似乎有失公允。大学的设计初衷是与"现实世界"隔绝的,以便在追求知识、真理和开展纯粹研究的过程中尽可能远离现实的限制。正因如此,大学才能真正成为突破性思想和原创性发现的沃土。更有甚者，有些教授尤其是那些研究型大学的教授，认为教学是对他们时间的浪费，他们并不是因为教学出众而成为教授的。他们受聘从事研究工作，有时会把教学视为影响自己研究的恶魔。我有一些教授朋友，当他们根本不用教课时，他们会觉得自己很幸运。

因此，让我们把这个问题作为一个开放式的问题来对待，我们有没有可能设计出一种将学生期望和教授意愿很好对接的大学体验？它既能提供现有大学所具有的丰富、良好的社会和知识氛围，又能让学生接触到那些能使他们为世界贡献价值的知识和实践领域？在这里，教师们需要注重对学生的培养，而不是仅仅关注自己发表研究论文的能力。现在，让我们大胆畅想：是否有一种可持续的方式，让这种体验免费，甚至付钱给学生来吸引他们加入呢？

从计算机科学入手会是一个很好的开始。我对这个领域相当熟悉，对日趋紧张的就业市场也有一定的了解。在这个领域，学位固然重要，但设计和执行开放式复杂项目的能力才是最重要的。据了解，凭借非凡的创造力和智慧，17岁的年轻人就能拿到六

位数的薪水。出于对人才的需求，以及认识到大学学位和高 GPA 并不能最好地预测创造力、智力或激情，顶级雇主已经开始把暑期实习当作选拔的参考。他们会观察学生的实际工作情况，并向表现最好的学生发出录用通知。雇主们深知，与学生一起工作是比任何学位或成绩单都要好得多的评估方式。

学生们也开始认识到一些有悖他们常识的东西：与阅读教科书或坐在教室里相比，他们更有可能通过在谷歌、微软或脸书等公司工作来掌握计算机科学的知识，而计算机科学实际上是数学的逻辑和算法。在他们看来，这些公司为实习生提供的项目比课堂上的项目更加充满智识挑战性和开放性。更重要的是，他们知道自己设计的成果将服务于数百万人，而不仅仅是被助教打分然后就被扔掉。

因此，坦白说，在软件工程领域，实习作为一种知识学习经历，对学生的价值远远超过任何大学课程。对雇主来说，实习作为学生能力的一种参考指标，比任何证书、课程或 GPA 都更有价值。

我还想强调的是，目前实习与许多人记忆中甚至二十年前的实习大不相同。这里没有为老板倒咖啡、整理文件或其他类型的繁杂琐碎工作，也没有看似漂亮但对现实生活没有任何价值的工作。事实上，区分 21 世纪前瞻性行业和落后行业的最佳方法，就是看看实习生在做什么。在顶级互联网公司，实习生可能正在创造可申请专利的人工智能算法,甚至创造新的业务线。相比之下,在律师事务所、政府办公室或出版社,实习生要做的是文书工作、安排会议和校对文本。这些琐碎的工作会得到相应的报酬(如果有的话),而新式实习单位的薪资标准则反映了工作的重要性,硅谷的大学实习生一个暑假的收入可以超过 2 万美元。

既然实习在丰富知识和改善就业前景方面越来越重要,为什么传统的大学只在暑假才安排实习,而在其余时间安排学生去上课或完成作业呢?答案很简单,惯性使然。大学一直以来都是这样做的,所以人们又何必对此提出质疑呢?

事实上,有些大学已经做出了改变。尽管滑铁卢大学建校还不到 60 年,但它已被公认为加拿大最顶尖的工程学院。走在微软或谷歌的走廊上,你会发现滑铁卢大学的毕业生和麻省理工学院、斯坦福大学或加州大学伯克利分校的毕业生不相上下——尽管由于工作签证问题,美国雇主雇用加拿大籍员工非常麻烦。美国雇主聘用加拿大籍员工并不是为了从边境另一侧获得低成本劳动力。滑铁卢大学毕业生的薪水与美国最优秀的毕业生不相上下,那么滑铁卢大学究竟做对了什么呢?

首先,滑铁卢大学很早以前就意识到了实习的价值(他们称之为合作实习),并将其作为学生经历中不可或缺的一部分。到毕业时,一个滑铁卢大学的毕业生需要在大公司(通常是美国公司）实习 6 次，总计 24 个月。而一般的美国毕业生在课堂上的学习时间大约为 36 个月，实习时间仅为 3~6 个月。

一到冬天（注意不是夏天），可汗学院的所有实习生，可能还有硅谷的大多数实习生，都来自滑铁卢大学，因为只有这所学校允许学生在暑期以外实习，并将其视为学生发展过程中不可或缺的一部分。当大多数大学的学生在教室里记笔记、为冬季考试恶补时，滑铁卢大学的学生却在通过参与实践项目来提升自己的能力，他们还获得了与雇主相处的宝贵时间，这几乎确保了他们一毕业就能获得几份工作机会。此外，有些学生在多次高薪实习中赚到的钱足以支付他们的学费（是美国同类学校学费的 1/6~1/3），甚至有余。因此，滑铁卢大学的学生毕业后不仅拥有宝贵的技能、广阔的知识发展空间、高薪工作，而且在几年后还可能有可观的积蓄。

相比之下，一般美国大学生毕业时会背负着数万或数十万美元的债务，无法保证找到一份在智力上具有挑战性的工作，甚至因为没有实际工作经验而很难得到一份工作。

滑铁卢大学的例子已经证明，智力型人才和实用型人才之间的区别是人为因素导致的。我敢说，滑铁卢大学的学生在智力和思维广度上丝毫不亚于其他名校的政治学或历史专业的学生。根据我与滑铁卢大学学生相处的经验，他们的世界观往往更加开阔，比一般的大学应届毕业生更加成熟，这得益于他们广泛而深厚的实习经验。

因此，让我们想象一下优化滑铁卢大学的教学模式。想象一下在硅谷新建一所大学——不一定非要在这里，但这将有助于把事情具体化。我深信，富有灵感的物理空间和多元文化的社区确实能够提升和发展人的思维。因此，我们将建造宿舍楼、修剪整齐的室外空间，打造尽可能多的有利于互动和协作的区域。我们将鼓励学生成立社团，组织益智类活动。不过到目前为止，这与典型的寄宿制大学并无太大区别。

这所大学与其他大学的完全不同之处在于，学生们每天会在哪里度过以及如何度过？这些学生将通过真实世界的智力项目积极学习，而不是在课堂上记笔记。学生可以在谷歌工作五个月，优化搜索算法。然后再去微软工作六个月，研究人类语音识别。接下来的四个月，可能会在苹果公司的设计师手下当学徒，然后花一年时间开发自己的移动应用程序。学生可能会利用六个月的时间在一家新创公司甚至斯坦福大学从事生物医学研究，用剩余的四个月来制作发明原型和申请专利。学生还可以拜风险投资家和成功的企业家为师，最终尝试自己创业。大学本身的主要职责之一是确保实习具有挑战性且需运用大量知识，确保实习经历能够真正促进学生的未来发展。

所有这些都将通过类似可汗学院的自步学习框架联系在一起。学生们仍然需要具备广泛的文科背景和深厚的理科功底，只是学习方式会更加自然。当他们在皮克斯动画工作室或美国艺电公司（Electronic Arts）做计算机绘图的实习时，他们会更有动力学习线性代数。在上市公司的首席财务官手下工作时，他们会希望学习会计。我们将定期在晚上和周末举办不分等级的研讨会，让学生欣赏和讨论伟大的文学和艺术作品。如果学生们决定证明自己在某一领域（如算法或法国历史）的学术能力，他们可以报名参加我们前文讨论过的严格评估。

在这里，我想强调一下不计分的艺术领域研讨会的重要性。因为我认为，与传统大学相比，这种研讨会将会帮助学生更好地欣赏人文艺术。就拿文学来说，在大多数大学和高中，学生们被迫阅读名著（至少是教授认为伟大的作品），他们必须在周五之前读完两百页的作品。与此同时，他们还有很多其他课程的作业要做。阅读结束后，他们必须参加讨论、考试或撰写论文，这些都要打分。既然围绕一部文学作品有这么多人为的学习模式和评估要求，学生真的有时间欣赏和享受这部作品吗？难道阅读的重点真的是看谁能在周五之前读完两百页，并能写出给教授留下深刻印象的论文且获得 A 吗？看看那些在文学、历史或政治学全 A 的毕业生，他们曾借此在投资银行、法律、医学或咨询行业获得有竞争力的职位，但他们现在还记得多少经典，更不用说阅读和欣赏了。我认识的许多人从大学毕业后就再也没有读过一部重要的文学作品。

我对此深有感触，因为当我还在学校读书时，我并不喜欢为了应付论文或考试而被迫阅读。这让我和我的同龄人都把艺术鉴赏当成挡在我们与成绩、文凭、工作之间的障碍。我们已经讨论过，按照人为强加的"一刀切"的教学大纲强迫学生学习数学，会导致他们不喜欢数学。人文学科的情况就更糟。如果学生被迫以人为规定的速度学习，那么学生既无法内化对数知识，也无法欣赏梭罗的作品。这就是为什么当有人提起《呼啸山庄》或《白鲸记》时，许多学生（通常是男生）会出现类似创伤后应激障碍的症状。当牛顿或高斯探索数学、揭开宇宙奥秘的时候，他们的目的是赋予人类力量，也许还能激励人类。马克·吐温、狄更斯或简·奥斯汀的目标也是类似的：在开阔我们的眼界和启迪我们思想的同时，尽可能给我们带来快乐。无论是伟大的数学家还是文学家，他们的目标都不是为了折磨高中生或大学生，但现在许多学生就是抱着这样的心态去看待他们的作品的。

我一直最喜欢的一本书是简·奥斯汀的《傲慢与偏见》，我知道，这本书有点少女气，但经典就是经典。14 岁时，我被迫读这本书并写读书报告，当时我很讨厌这本书。直到 23 岁时，我心血来潮重读了一遍，才发现我喜欢这本书，也喜欢很多文学作品。《哈克贝利·芬历险记》、《双城记》和《美丽新世界》也是如此。23 岁的我不仅更加成熟，对生活有了更多的看法，而且有时间和动力去欣赏。我认为对艺术的鉴赏动力应该源于自身兴趣的引导、社会文化的熏陶和对人生方向的探索，而不应是成绩和学分要求。

回到我们假设的硅谷学徒制学院：谁来担任教师？为什么不是那些学生愿意与之共事的管理人员、科学家、艺术家、设计师和工程师呢？在我的教育生涯中，一些好的教授并不是专业研究人员，他们是正在工作或已退休的科学家、工程人员、投资者或管理人员，他们都愿意教书育人。

传统大学会自豪地列出他们校内的诺贝尔奖获得者（其中大多数与学生几乎没有交流）。我们的大学将列出担任学生顾问和导师的杰出企业家、发明家和管理人员。他们能有效地充实学校的师资队伍，让专职教师能够更深入地进行有关历史、法律、文学或数学等领域的研究。

那么成绩和成绩单呢？雇主和研究所如何知道哪些学生能力强、哪些学生能力弱？正如前面提到的，许多雇主会通过实习与这些学生直接交流，从而更深入地了解学生的能力、职业道德和个人品行。即使是没有与学生有过直接交流的雇主或研究所，也可以看到学生的个人作品，如果学生允许，还可以看到与学生共事过的人写的评估信和推荐信。这基本上就是现在求职者毕业五年后的待遇，成绩和专业退居其次，个人在现实世界中的实际表现才是最重要的。此外，学生还可以自由参加上述严格的评估，以证明他们有实力在某些学术领域深入开展研究。

传统的 GPA 作为衡量能力的标准会被遗忘吗？我认为不会。考虑到许多名牌大学的毕业 GPA 为 3.5 左右，[3] 再加上 95%~97% 的学生都能毕业这一事实，你可能会得出结论：要想拿到某些大学的学位，最困难的部分是在你 17 岁时拿到他们竞争超级激烈的录取通知书，剩下的事情就简单多了。

我绝不是第一个重新审视大学未来发展的人。PayPal 联合创

始人彼得·蒂尔对所谓的"大学泡沫"一直持强烈批评态度,并设置了"蒂尔奖学金",试图改变教育体制的现状。他选出了20名高素质学生,给予每人10万美元的赞助,但这些学生必须从大学退学,以完成一个宏伟的想法或项目。根据该项目网站的介绍,这些学生将接受有远见的思想家、投资者、科学家和企业家的指导,这些专家提供的指导和商业联系是任何课堂都无法复制的。我喜欢这样做的原因是,它让人们清醒地意识到,传统教育方式并不一定是所有人的最佳选择。

蒂尔基金会与我所倡导的方式的不同之处在于,我并不想完全抛弃上大学的想法。我认为,在校园里与其他积极进取、有求知欲的人一起学习和探索的共同经历是一种非常有价值的体验。同样,对大多数学生来说,大学学位证书为他们提供了一个降低风险的港湾,能让他们感到有所依靠而安心。许多蒂尔奖学金获得者可能无法在他们的第一次大冒险中取得成功。借助蒂尔基金会的名声或许能获得很多机会,但这并不能得到任何保证。尽管如此,考虑到一些差异,蒂尔计划和我自己的愿景在精神上是一致的,如果把蒂尔基金会赞助的人数增加到每年几百名学生,让他们在不同的环境中接受指导,而不仅仅是在创业的环境中,让学生住在令人鼓舞的寄宿校园里,给他们提供一个学术平台,从这个角度看我们谈论的就几乎是同一件事。

这所理想中的学校将始于硅谷，只专注于工程学、设计学和创业方面的知识。之所以选择硅谷，是因为我们希望学校能够从当地的环境中受益。为什么不在纽约或伦敦建立一所金融或新闻学院，抑或在休斯敦建立一所能源学院呢？或者想得更好一点，为什么不能把它们都联系在一起，这样学生就可以体验多个城市和行业，不仅能解决学生的住宿问题，还能创建一个智力支持网络？

每个人都能进入这样的学校吗？绝对不是。但回想一下，在传统大学主修文学或会计专业也不是人人都能胜任的。我们的确应该有更多的选择，而这只是其中的一种，它将多元化的思想和实践引入高等教育，以改变数百年来几乎一成不变的教育模式。

还应该指出的是，这并不一定需要新建一所大学。现有的大学校园也可以朝着这个方向发展，比如淡化或取消讲授式课程，让学生更多地参与研究和在更广阔的世界中开展合作实习，以及让更多具有多学科背景、对指导学生有着强烈意愿的教师参与进来。

结语
好的教育需要培育孩子的创造力

这是教育史上最古老的问题之一：创造力可以教出来吗？

目前还没有人对这个问题给出明确的答案，我当然也不会在这里自以为是地给出答案。但我要说的是：无论创造力（或者天赋、才华）是否可以被教出来，它肯定是可以被抑制的。而我们目前的工厂式教育模式似乎正是为了抑制创造力而设计的。

我们现行制度的几乎所有内容都是在鼓励消极被动和墨守成规，排斥标新立异和创新思维。在传统学校的大部分时间里，孩子们只是坐在那里听老师讲课。学生思维的不同和天赋的差异被完全忽视，只是按照年龄大小划入不同的年级。学生们只是按照相同步调学习这些僵化的、分割的课程，目的不是为了深入学习理解，而是为了完成政府的任务和在标准化考试中取得好成绩。

如果这种步调一致的教育灌输会让学生对落后产生恐惧，那么更坏的结果是，这种模式会损害学生继续进步的动力。为什么要学一些不测试的东西？为什么要去学那些老师因工作负荷和压力大而没有足够时间和精力去讲解的内容？因此，主动性是不受欢迎的，这清楚地表明无论政治口号是什么，传统教育的目标都不是追求卓越，而是最小化风险、消除负面影响。然而，不可避免的是，好学生的发展也被限制了。在这种制度的束缚下，那些在学业上获得成功的学生，即得 A 的学生，只是根据教学进度完成了学业，是在阻力最小的道路上尽职尽责的人。在这条狭窄的道路上取得成功需要一定的智慧和自律吗？是的，当然是。那么它需要某种原创性或独创性吗？或许不需要。

即使课外活动也趋向于鼓励孩子们有序地沿着可预测的路径前行。借着让学生全面发展的名义（这不过是招生的噱头罢了），我们提供了一个看似可选种类繁多实际上并没有实质内容的菜单。这有点像拥有 500 个频道的电视，有多少是可以选择的，又有多少只是摆设？按照大学录取的标准，每个人都应该参加一项运动，每个人都应该在他的成绩单上体现出参与了一些闪耀的课外活动，比如国际象棋俱乐部或辩论队。当然，大学录取时也比较关注学生的艺术素养,所以戏剧俱乐部和乐队也是不容或缺的。

需要澄清的是,我并不是要贬低这些娱乐活动的内在价值,如果一个孩子对下棋、吹小号或舞台设计有真正的兴趣,我认为这很好。我批评的是由于其固有的低效率和对控制的痴迷,而让孩子们忙碌于与他们的才能或兴趣无关的活动的教育方式,以至于他们没有时间去思考。这种现象如此残酷而又颇具讽刺意味。迫于压力,孩子们不得不参加一系列看似丰富多彩,事实上却无法触及他们的内心的活动,长此以往,他们的独特性、好奇心和创造力将被消磨殆尽。

为了说明这一点,我举一个例子。2001年,一所精英大学的招生办主任问学生:"你们做的白日梦是什么?"一个孩子告诉她:"我们不做白日梦。因为没有奖励,所以我们不去做。"[4]

在这方面,让我们思考一下作为本书开头的柏拉图的名言:

> 教育的原理在于让学生在儿童时期就构建起良好的思维体系,教育无须强迫。在强迫下获得的知识对思维的发展没有任何好处。因此,不要强迫,而应在早期教育中融入快乐元素,这将更好地帮助你发现孩子的天性。

发现并培养孩子的天性，这难道不是教育应有的目标吗？"天性"这个模糊的词到底是什么意思？对我来说，它指的是天赋和视角的特殊组合，它使每个人的思想都是独一无二的，这使得一些人的思想具有惊人的独创性。这种独创性与智力有关，但并不完全相同。它与差异有关，也经常与陌生感有关。独创性是顽强的，但不是坚不可摧的。你不能告诉它该做什么，如果你太过努力地驾驭它，你要么会把它赶走，要么会杀死它。

但是创造力可以被教授吗？坦率地说，我对此表示怀疑。然而，我完全相信在不久的将来，我想象中的学校会涌现出更多具有创造力的学生。我的理由一点也不神秘，因为环境允许它出现，只要有更多思考的时间，它就会发生。

让我们思考一下这个看似简单的时间问题。传统的学校时间占据了学生一半清醒的时间，传统的家庭作业占据了另一半。在这段时间里，孩子们的注意力和努力都指向了完全可预测的结果。他们和其他人一样在解决同样的问题，试图得到同样的、唯一的正确答案。他们基本上都在写同样的文章，记住同样的名字和日期。换句话说，他们醒着的时间里，有一半以上的时间是在做与创造性完全背道而驰的事情。

正如我现在所希望的那样，我坚信，学生只要对基础性概念有深刻理解，那么他们就可以获得对所有概念的直观认识。学生在完成任何有意义的事情之前都需要打下坚实的基础。一个简单的事实是，打下这个基础并不需要耗费他们一半的时间。使用自定步调的视频课程，结合前文所述的计算机支持的反馈和团队教学的帮助，基础课程内容每天用一两个小时就可以完成，这样就能腾出 5~7 个小时的时间来从事个人和团队的创造性活动。这就意味着他们可以写诗、计算机编程、拍电影、构建机器人、画画或者沉浸在数学或物理的某个角落里。要记住，原始的数学、科学或工程与艺术没有区别，只是名称不同。

如果说传统学校里漫长的讲授与作业时间会阻碍创造力的发展，那么人为地把时间浪费在分割的课堂上也是如此。毕竟，时间是连续的，就像思想本身一样，它是流动着的。课程的结束就好比在路上竖起了一堵墙，阻碍了思想流动，它告诉学生到哪里必须停下来。例如，学生可能想更深入地研究一下法国大革命的原因，这时竖起的墙会让情况变得糟糕。要知道，学生在纠结于一个重大项目或一个真正新颖的想法时，是需要勇气和创造性的，而这种创造性的工作是不可能有最后期限的。天才是不打卡的！你能想象有人告诉爱因斯坦"请结束相对论，我们继续讲欧洲历史"吗？或者对米开朗琪罗说"是时候粉刷天花板了，现在去粉刷墙壁吧"。然而，在传统学校里，这种扼杀创造力和遏制拓展性思维的做法比比皆是。

在这方面，我所设想的学校截然不同。因为我会强调概念之间的联系和连续性，所以在一个"主题"和下一个"主题"之间不会有障碍。由于学习是自定步调和自我激励的，因此不会有嘀嗒作响的时钟告诉学生何时必须停止某一特定的探究方向。此外，由于我们学校的最高目标是深入理解概念，而不仅仅是准备考试，因此学生将有时间和自由跟着他们的好奇心一直向前。因此，我相信创造力在给予足够的时间和空间的情形下一定会涌现。

但有一个必然结果让很多人感到紧张。如果你允许并鼓励真正的创造力，你也必须接受失败的可能性。一个学生可能会在一个深奥的数学问题上研究一年，却始终找不到答案。一个工程问题的新方法可能会让学生纠结好几个月，最后发现行不通。一个学生剧作家可能永远也想不出他的最后一幕，学生的诗歌也可能写得一塌糊涂。我对这些失败的回应是"那又怎样"，我们要多想想一路走来学到了什么。我们需要为这些雄心勃勃、常常是孤军奋战的学生所付出的努力和勇气致敬。想一想伟大的成果是如何取得的：只有当人们追求伟大的想法并冒着巨大的风险时，才能取得这样的成果。回到本书的开头，美国之所以能成为最肥沃的创新土壤，原因之一就在于它并不像世界其他地方那样害怕风险和拒绝失败。我们的学校也应该成为安全可靠的试验环境，将失败视为学习的机会，而不是耻辱的印记。

不幸的是，我们的教育机构似乎对失败怀有一种持久的恐惧和憎恨，将其视为一个忌讳的字眼。在字母等级的世界里，一个D或F就是一个污点。在当今源于政治动机的教育体系评分标准中，"失败"就是一种耻辱和惩罚。因此，我们就降低标准和期望，幻想着让所有学生都获得"成功"。这种态度不仅虚伪，而且有伤自尊。它不仅泯灭了"卓越"这一真正理想的意义，而且完全没有认识到目标高远的价值，导致结果不尽如人意。我们的世界需要大胆的设想和创新的方法。与小的、安全的和可预测的成功相比，我们的世界可能更需要从惨痛失败中吸取的经验教训。

因此，我所设想的学校将是一个允许学生犯错，鼓励发散思维，重视思维过程，而不关注最终结果的地方。这并不是让孩子们变得更有创造力的神奇妙方，相反，这只是一种为我们每个人身上已经存在的创造力的发挥提供所需的光照、空间和时间的方法——这样，某些神秘的创造力会在少数人的身上得到发挥，这足以改变世界，这些人会成为人们心目中的天才。

―――――――

那么，我希望我至少已经清楚地展示了我想象中的"同一个世界"学校的基本轮廓，以及它的运作模式。这个学校将是具有包容性的，是所有人负担得起的，它将有助于在社区甚至全世界创造公平的教育环境。

我所设想的学校不是出于自身利益的考量而拥抱技术，而是将技术作为一种手段，以提高学生对概念的深刻理解，让学生能够借助便捷的工具接受高质量的、一流的教育，也让课堂变得更加人性化。它能提高教师的地位和鼓舞教师的士气，把他们从繁重的工作中解放出来，让他们有更多的时间教书育人。它将赋予学生更多的独立性和控制权，让他们真正主导自己的教育进程。通过混合年龄和鼓励同伴辅导，学校将为青少年提供负责任的机会。

这样的学校绝不是个安静的地方，它更像是一个蜂巢而不是一座教堂。需要安静的学生可以寻找到私密的空间，但大部分空间将会用于开展游戏和合作学习。自定步调而非按部就班的学习将鼓励学生分享他们在探索宇宙奥秘过程中的最新发现。旨在彻底掌握概念（相互关联的概念）的课程将与我们大脑的实际连接方式协调一致，帮助学生在复杂的世界中做好准备，摒弃"足够好"并不断追求更好。

没错，这是一个复杂的世界，一个相互联系的世界。因此，我们学校的各个前哨也将通过 Skype 网络电话或谷歌环聊等工具相互连接。旧金山的学生和教师可以与多伦多、伦敦或孟买的学生和教师互动。想象一下，德黑兰的学生能够辅导特拉维夫的学生，或者伊斯兰堡的学生向新德里的教授请教学习。在以学习语言和增进全球视野为目的学习的过程中，还有比定期与世界各地的老师和学生互动更好的方法吗？

我所设想的学校并未在现实中成真。但是到目前为止，这所学校所基于的理念已经得到了数百万在线学生和数万名在校学生的实地测试。无论是从坊间流传，还是从确凿的数据中衡量，结果都是非常令人满意的。

对我个人来说，最大的发现是学生们对真正理解的渴望。我有时会受到一些人的反对，他们说："好吧，这一切都很好，但它只适用于有动机的学生。"据说20%的学生属于这一类。基于我对传统教育模式的亲身体验，七年前我可能会同意他们的观点。当我第一次开始制作视频时，我认为我只是在为一些我关心的学生制作——比如我的表弟表妹或年轻时的我。真正让人吃惊的是那些已经被人们放弃甚至即将自我放弃的学生，他们也喜欢这些视频课程。这让我意识到，如果你给学生深入学习和了解他们周围世界魔力的机会，几乎每个人都会受到鼓舞，重新点燃学习的激情。

教学方法固然重要，学生的学习反馈和评估也很重要。但是，比任何一套特定的方法和途径都更加重要的是教育必须不断适应需求和持续改进。当前的教育体系充斥着低效和不平等的现象，学生学到的知识与他们需要了解的知识之间存在着巨大的差距。这种情况正变得日益紧迫。世界在变化，而教育却仍然维持现状。这不是什么抽象的空谈，这真正关乎孩子、家庭、社区和国家的未来。

在敏锐的洞察力和教育理念的支持下，可汗学院能否为我们提供一个改变教育模式、迈向未来美好教育的绝佳机会呢？这不是我能决定的。这个世界上有许多有远见且乐于为教育事业奉献的人，他们或许有不同的方法，我热切希望所有这些方法都能在更广阔的世界中付诸实践。新的、大胆的方法需要尝试，最糟糕的情况莫过于维持现状，止步不前。如果停下脚步，我们就会付出沉重代价，它不是以美元、欧元或卢布计算的，而是以人类的命运为代价。尽管如此，作为一名工程师和倔强的乐观主义者，我相信哪里有问题，哪里就一定有解决方案。如果可汗学院被证实的确能作为破除当前教育体制弊病的部分解决方案，我将为自己做出的贡献感到无比骄傲和万分自豪。

注释

第一部分　尊重孩子的学习天性

1. Joan Middendorf and Alan Kalish, "The 'Change-Up' in Lectures," *National Teaching & Learning Forum* 5, no. 2 (1996).
2. Margaret Gallagher and P. David Pearson, *Discussion, Comprehension, and Knowledge Acquisition in Content Area Classrooms,* Technical Report No. 480, University of Illinois at Champaign-Urbana, 1989.
3. Benjamin Bloom, "Learning for Mastery," *Evaluation Comment* 1, no. 2 (1968); James Block, *Mastery Learning: Theory and Practice* (New York: Holt, Rinehart & Winston, 1971).
4. T. Guskey and S. Gates, "Synthesis of Research on the Effects of Mastery Learning in Elementary and Secondary Classrooms," *Educational Leadership* 43, no. 8 (1986).

5. D. Levine, *Improving Student Achievement Through Mastery Learning Programs* (San Francisco: Jossey-Bass, 1985).
6. D. Davis and J. Sorrell, "Mastery Learning in Public Schools," *Educational Psychology Interactive* (Valdosta, GA: Valdosta State University, December 1995).
7. Guskey and Gates, "Synthesis of Research."
8. Davis and Sorrell, "Mastery Learning in Public Schools."

第二部分　传统教育的弊端

1. http://www.ncbi.nlm.nih.gov/pubmed/17616757.
2. Albert J. Harno, *Legal Education in the United States: A Report Prepared for the Survey of the Legal Profession* (San Francisco: Bancroft-Whitney, 1953), 86.
3. "High literacy rates in America ... exceeded 90 per cent in some regions by 1800": Hannah Barker and Simon Burrows, eds., *Press, Politics, and the Public Sphere in Europe and North America, 1760–1820*(Cambridge: Cambridge University Press, 2002), 141; for lower rates in Europe, see 9.
4. John Taylor Gatto, "Against School: How Public Education Cripples Our Kids, and Why," *Harper's,* September 2003.
5. Sharon Otterman, "In $32 Million Contract, State Lays Out Some Rules for Its Standardized Tests," *New York Times*, August 12, 2011.
6. Winnie Hu, "New Recruit in Homework Revolt: The Principal," *New York Times,* June 15, 2011.
7. "Do You Have Too Much Homework?" moderated by Holly Epstein Ojalvo, "The Learning Network," *New York Times*, June 16, 2001.
8. Stephen Aloia, "Teacher Assessment of Homework," *Academic Exchange Quarterly* (Fall 2003).
9. National Center for Education Statistics, "Education Indicators: An International Perspective," http://nces.ed.gov/pubs/eiip/eiipid25.asp.
10. Harris Cooper et al., "Does Homework Improve Academic Achievement? A Synthesis of Research, 1987–2003," *Review of Educational Research* 76, no. 1 (Spring 2006).

11. Sandra L. Hofferth and John F. Sandberg, "How American Children Spend Their Time," *Journal of Marriage and Family* 63, no. 2 (May 2001).
12. Jenny Anderson, "Push for A's at Private Schools Is Keeping Costly Tutors Busy," *New York Times*, June 7, 2011.
13. Cathy Davidson, "iPads in the Public Schools," *Duke Today*, January 26, 2011, http://today.duke.edu/2011/01/ipads.html.

第三部分　可汗学院创新教育的实践经验

1. "Learning Styles Debunked: There Is No Evidence Supporting Auditory and Visual Learning, Psychologists Say," press release, Association for Psychological Science, December 16, 2009, http://www.psychologicalscience.org/index.php/news/releases/learning-styles-debunked-there-is-no-evidence-supporting-auditory-and-visual-learning-psychologists-say.html#hide.
2. Royal Society, *Brain Waves Module 2: Neuroscience: Implications for Education and Lifelong Learning*, Policy document 02/11, February 2011.
3. Marcia L. Conner, "How Adults Learn," http://agelesslearner.com/intros/adultlearning.
4. Malcolm Knowles, *The Adult Learner*, 5th ed. (Woburn, MA: Butterworth-Heinemann, 1998 [originally published 1973]).

第四部分　面向未来的教育

1. Virginia Heffernan, "Education Needs a Digital-Age Upgrade," *New York Times,* August 7, 2011.
2. "Teachers Skipping Work," World Bank, South Asia, http://web.worldbank.org/WBSITE/EXTERNAL/COUNTRIES/SOUTHASIAEXT/0,,contentMDK:20848416~pagePK:146736~piPK:146830~theSitePK:223547,00.html.
3. http://gradeinflation.com/stanford.html.
4. "What Do You Do for Fun? (Extended)," Bloomberg Businessweek, May 24, 2004, http://www.businessweek.com/magazine/content/04_21/b3884138_mz070.htm.